JN164214

現代聖書注解

士師記

J.C.マッカーン
山吉智久 訳

日本キリスト教団出版局

Judges

INTERPRETATION
A Bible Commentary for Teaching and Preaching
by J. Clinton McCann
Copyright © John Knox Press 2002

Japanese Edition Copyright © 2018
Translated by Permission of
John Knox Press, Louisville, KY U.S.A.
tr. by YAMAYOSHI Tomohisa
Published by
The Board of Publications
The United Church of Christ in Japan
Tokyo, Japan

刊行のことば

それぞれの時代は、それぞれの聖書注解を必要としている。「現代聖書注解」は一九八二年に刊行を開始したアメリカの注解シリーズ「インタープリテイション」の邦訳であり、八〇年代を代表する注解シリーズとなることであろう。

日本キリスト教団出版局で、一九六〇年代に刊行した「聖書講解全書」は主として信徒のための注解書であったが、「現代聖書注解」は牧師、教師、神学生をはじめ、知的関心を持って聖書を読もうとするすべての人々のために編集されている。

大きさから言うと、すでに邦訳がかなり進んでいる「ケンブリッジ旧約聖書注解」や、同じく英国系の「ニュー・センチュリー聖書注解」よりも大きく、またスペースを節約するために、聖書のテキストを印刷していないので、内容的にはほとんど「ＡＴＤ」「ＮＴＤ」の聖書注解に匹敵するものである。

全体として「現代聖書注解」が意図している目標は、現代聖書学の歴史的・神学的研究の成果を駆使して聖書のメッセージを把え直すとともに、それを現代の教会とキリスト者に対する問いかけとして提供することにある。その問いかけは現代の人間と社会の問題を深くえぐりながら、聖書のメッセージにもとづく回復と救いを指向している。この聖書注解シリーズは、アメリカの教会と聖書学の建設的、実践的な側面を反映していると言うこと

ができるであろう

注解の方法としては、聖書の一語、一句の説明を積み重ねて行く伝統的手法ではなく、まず聖書のそれぞれの書物の特色に応じて、各書の全体構造を明らかにするとともに、各書の文学的・思想的内容に即して単元を区分し、単元ごとにまとまったエッセイとしての注解を行なうという方法をとっている。その結果、聖書各書の構造的把握と各単元の全体文脈の中での理解が有機的に結びつけられるとともに、単元ごとの釈義はそれぞれまとまった形で展開されるので、教会や学校などにおける聖書の共同研究には特に便利に工夫されていると言える。

全シリーズの編集責任者は、ヴァージニア州リッチモンドにあるユニオン神学校の旧約学教授ジェィムズ・L・メイズである。同教授は、この神学校から発行されている聖書学と神学の季刊誌「インタープリテイション」の編集長を長く務めている。学問的であるとともに堅実に教会的であるという定評を持つこの季刊誌の性格が、「現代聖書注解」シリーズの性格にも反映されている。この注解の旧約部分の編集はプリンストン神学校の旧約学教授パトリック・D・ミラーが担当し、新約の方の担当はリッチモンドのユニオン神学校の新約学教授ポール・J・アクティマイアーである。

執筆者には、既に予告されている十数巻の著者の顔触れから推して、全体にわたり現代のアメリカを中心とする英語圏の代表的学者が選び出されるであろうことは間違いない。

今後、このシリーズは毎年二、三巻ずつ刊行されてゆく予定であるが、シリーズ全体の計画は未だ明らかにされていない。恐らく旧約・新約合わせて四〇巻近いものとなるであろう。

われわれとしては「現代聖書注解」シリーズの意図と性格を充分に把えた上で、信頼に値する訳者を選び、正確で読みやすい訳文をもって、順次わが国のキリスト教会を始め、広く一般読書界に送り出して行きたいと思っている。聖書のメッセージを現代の世界に訴えようとするこのシリーズが多くの読者に迎えられることを期待している。

一九八六年五月

日本語版監修者

木田献一
左近　淑
野本真也
大住雄一
川島貞雄
橋本滋男
山内　眞

著者まえがき

士師記とその契約忠誠への呼びかけは、現代の教会から大概は無視されているものの、特に数多くの物事が神の民の注目や忠節を得ようとする時代において、きわめて重要である。近年、士師記が数多くの学者たちの注目を集めていることはおそらく、それが再発見されつつあることの良いしるしであろう。いずれにせよ、本書によって、士師記の解釈者たちの一員に加えられ、現代の教会や世界に対する士師記とその重要性をめぐる現行の議論に寄与することができたのは、喜びであると同時に特権である。

いつものことながら、注解書の執筆は共同の営みであり、多くの方々から学ばせていただいた。その内の幾人かの方々は、注解部分や参考文献でお名前を挙げてある。しかし感謝する方々は他にも大勢いる。特に感謝申し上げるべきは、シリーズ編集者のパトリック・D・ミラー氏とジェームス・L・メイズ氏である。お二方は本書執筆のための期限を延長してくださり、その示唆や指針には大いに助けられた。イーデン神学校の理事会（およびその寛大な研究休暇制度）、運営スタッフ、同僚諸氏や、学生たちを含む教員学生諸氏のお力添えにも感謝したい。彼らの内の多くからは、一九九八年夏の士師記についての神学修士コースに参加するという形で特に助けを得た。ミズーリ州カークウッドの第一長老教会、アーカンソー州リトル・ロックのトリニティ長老教会での成人教養コースでも、士師記について教える機会を得た。参加者諸氏の質問、コメント、示唆は非常に貴重であった。

本書の執筆過程でより直接的な労を執っていただいた方々にも特に感謝したい。サラ・フレドリクセン・マッカーン、ビクター・H・マシューズ、バーバラ&マイク・ウィロックの各氏には、最初の草稿を読んで、洞察深い有用なコメントや助言をいただいた。ミズーリ州立大学の宗教学教授のビクターは、その時間と知識を実に惜しみなく割いてくださった。士師記をめぐる彼との対話は、励みであり、学びであった。彼と参考文献表や資料を共有できたことは、大きな助けとなった。心から感謝したい。

イーデン神学校の事務職員のメアリー・スウェラにも感謝申し上げる。いつものことながら、彼女は、ペンと紙によるしばしば分かり難い私の原稿を、忠実かつ効率的に電子化してくださった。

また、いつものことながら、妻のサラ・フレドリクセン・マッカーン、娘たちのジェニファー・グレース・マッカーンとサラ・カーター・マッカーンは、常に喜び、励まし、支援の源であった。私の大家族の他の一人一人もそうであった。その中の一人に、九一歳の偉大な叔母ルーシー・ウェッブ・マローンがいる。バージニア州ピーターズバーグのトリニティ・ユナイテッド・メソジスト教会の一員として、彼女が聖書を学び、み言葉に忠実純真に生きてきた長く実りある献身の年月に敬意を表して、本書を彼女に捧ぐ。

凡例

一　本書はJ. Clinton McCann, *Judges*, Interpretation : A Bible Commentary for Teaching and Preaching, John Knox Press, Louisville, 2002の訳である。

二　聖書の引用および、各書の表記と固有名詞は、原則として『聖書　新共同訳』（日本聖書協会）に準拠した。聖書各書の表記は次のとおりである（括弧内の表記は聖句表示の時に使用した）。

〈旧約聖書〉　創世記　出エジプト記　レビ記　民数記　申命記　ヨシュア記　士師記　ルツ記　サムエル記上　サムエル記下　列王記上　列王記下　歴代誌上　歴代誌下　エズラ記　ネヘミヤ記　エステル記　ヨブ記　詩編　箴言　コヘレトの言葉　雅歌　イザヤ書　エレミヤ書　哀歌　エゼキエル書　ダニエル書　ホセア書　ヨエル書　アモス書　オバデヤ書　ヨナ書　ミカ書　ナホム書　ハバクク書　ゼファニヤ書　ハガイ書　ゼカリヤ書　マラキ書

〈新約聖書〉　マタイによる福音書（マタイ）　マルコによる福音書（マルコ）　ルカによる福音書（ルカ）　ヨハネによる福音書（ヨハネ）　使徒言行録（使徒）　ローマの信徒への手紙（ローマ）　コリントの信徒への手紙1（Ⅰコリント）　コリントの信徒への手紙2（Ⅱコリント）　ガラテヤの信徒への手紙（ガラテヤ）　エフェソの信徒への手紙（エフェソ）　フィリピの信徒への手紙（フィリピ）　コロサイの信徒への手紙（コロサイ）　テサロニケの信徒への手紙1（Ⅰテサロニケ）　テサロニケの信徒への手紙2（Ⅱテサロニケ）　テモ

テへの手紙1（Ⅰテモテ）　テモテへの手紙2（Ⅱテモテ）　テトスへの手紙（テトス）　フィレモンへの手紙（フィレモン）　ヘブライ人への手紙（ヘブライ）　ヤコブの手紙（ヤコブ）　ペトロの手紙1（Ⅰペトロ）　ペトロの手紙2（Ⅱペトロ）　ヨハネの手紙1（Ⅰヨハネ）　ヨハネの手紙2（Ⅱヨハネ）　ヨハネの手紙3（Ⅲヨハネ）　ユダの手紙（ユダ）　ヨハネの黙示録（黙示録）

三　〔　〕で括られた箇所は、訳者による補いである。

四　英語聖書についての略語は次の通りである。

ＮＩＶ　New International Version

ＮＲＳＶ　New Revised Standard Version

目次

序論

注　解

第一部　ヨシュアから士師たちへ

第二部　士師たちの物語

第三部　完全なる劣化と恐怖

装丁　熊谷博人

士師記

序論

一　なぜ士師記を学ぶのか

士師記には悪評がつきまとう。事実、この文書は、多くの人々がかなり悪いものと考えるいくつかの旧約聖書文書の中でも、最悪のものと見られている。士師記はおそらく、ヨシュア記と並んで、人々が次のように言うときに心の中に思い浮かべる文書であろう。「旧約聖書を学ぶのは止めよう。暴力、戦争、殺人に満ちている」。あるいは、「旧約聖書は好きではない。神は怒るし、復讐する。新約聖書は好きだ。そこでの神は愛である」。あるいは、「神はどうしてイスラエルの人々にカナン人やその他すべての諸国民を殺すよう命じたのだろう。イエスはわれわれに、敵を殺すのではなく、愛せよと語ったではないか」などである。士師記の評判は明らかに、信徒席の人々の間でよりも、改訂共通聖書日課の作成者たちの間での方が良いというわけではない。三年で一サイクルの旧約聖書の講読の中で、士師記が登場するのは一度である（士師記四・一―七、Proper 28 [33], Year A）。

この悪評を前にして、それでもなお士師記を読み、学ぶのはなぜか、と問わねばならないのは尤もなことかもしれない。なぜそれを学び、それについて書き、そこから説教を語らねばならないのか。近頃はテレビや映画の中に暴力は十分あるではないか。これ以上の暴力が、どうして教会で必要だろうか。そもそも、身の毛のよだつあらゆるものが聖書の中に存在することが、もう十分に悪いではないか。注意を払うことで、それをより悪いものとしなければならないのだろうか。それを無視するというのが、最善の策ではないだろうか。この最後の問いへの答えは、大半の教会の中では、然りであるように見受けられる。端的に言って、士師記は大半の教会人にとっては困りもので、黙って通り過ぎるのがおそらく最も良いと思われているようである。そこで、士師記を教え、説教することの意義について、最初に述べておく必要がある。

上述のような状況の下、士師記が旧約聖書の全文書の中で最も時宜を得た、今日的なものであると提案することは、まるで特別な申し開きのように見えるかもしれない。この提案を、本書を執筆するために費やされた努力を正当化するための下手な口実の試みとして退けてしまう前に、以下のリストの項目について考えてほしい。

・（中東その他での）競合する集団間の緊張と紛争
・土地や領域をめぐる争い
・男女の役割についての不確かさ
・権力に飢えた政治指導者たち
・児童虐待
・配偶者虐待
・無益かつ過度な暴力
・女性の尻を追いかける男性政治指導者たち

・過度な個人主義
・道徳の混乱
・社会的な混沌

このリストに記されているのは、いつ、どこのことだろうか。これはまるで二十一世紀初頭の世界情勢、特にアメリカ合衆国〔や日本〕における状況を特徴付けているリストのようである。しかしこのリストは、事実、士師記の内容を的確に描写したものである。この文書の冒頭節は、イスラエル人とカナン人の間の争いを導入する。そして後には、他の集団が舞台に登場する――ミディアン人（六―八章）、アンモン人（一一章）、ペリシテ人（一三―一六章）である。争いは、聖書の用語では生命の入手を表す土地の支配をめぐってである。デボラ、バラク、ヤエルの物語は、二人の女性のリーダーシップを強調している。その一方で、バラクの役割はごくわずかである（四―五章）。そして士師記を通じて、さまざまな女性が主要な登場人物になっている（下記の三dを参照）。ギデオンは一般に英雄と見られているが、実際には彼は多大な権力を自分自身に集中させているようである（八・二二―二八参照）。そして彼の息子アビメレクは暴君である（九章）。エフタは彼の娘を殺し（一一章）、あるレビ人は、自分の妻を虐待する。彼女が生きている間も、彼女が殺された後もである（一九章）。サムソンは、ペリシテ人の女に対する抑えの効かない欲求を持っているように見受けられる（一三―一六章）。彼の物語は過度な暴力を特徴とする。これは一七―二一章で悪化の一途をたどり、そこでは王がおらず、民はいずれも自分自身のために行う（一七・六、一八・一、一九・一、二一・二五を参照）。その結果が道徳の混乱と社会的な混沌である。

不幸にも、こうした現実はいずれも聞き覚えのあるものである。世界は明らかに過去三千年の間に劇的に変化し、人類の文明は長い道のりを歩んできたにもかかわらず、士師記はまさに、われわれがいかに進んでいないのかを思い起こさせるものである。上記のいずれの問題についても、今日では主として心理学的、社会学的、人類学的、あるいは政治学的な用語によって考えられる傾向があるが、士師記は、自分自身や世界について、神学的な用語によっても考えてみるための招きである。士師記は最初から、神の民であるわれわれが神のみに不変の忠誠を示さなければ——要するに、われわれが神との間の契約に忠実でなければ——、個々の自己、教会、あるいは世界は何一つ正しくならないという難しい主張と向き合うよう迫る（一・一—二・五、二・六—三・六についての注解を参照）。

しかし士師記がある難問を提示しているとすれば、それは福音の中心に位置するものである。福音が約束するのは生命である。しかしその賜物は受け取られ、受け入れられなければならない。さもなければ——すなわち、われわれが神以外のものを崇拝し、それに仕えるとき——、結果は破壊的であり、究極的には死に至る。士師記が書き留めているのは、イスラエルが発見したこの真実である。イスラエルが学んだ苦い教訓は、われわれにとっても教えとなる。要するに、士師記は警告である。しかしその警告は、希望に根差している。というのも、士師記が語っているように、イスラエルは自分自身の不忠誠や不従順の結果としての破壊だけでなく、不忠実な民に確かに忠実である神をも経験した。一言で言えば、イスラエルは慈悲深い神を経験したのである（下記の四を参照）。これら二つが同時に重なる現実——警告と希望、裁きと恵み——は、古代イスラエルにおいてそうであったように、現在の教会や世界においても、学ばれ、教えられ、布告されるべきものである（士師記からの説教については、Joseph R. Jeter Jr., *Preaching Judges* を参照）。

二　士師――人物、（諸）時代、文書

二a　士師とは何者か

しばしば指摘されることとして、judges〔「裁き人」〕という語は、士師記を表すには不十分な名で、その主要な登場人物たちを言い表すには不正確である。judges〔「裁き人」〕の語（ヘブライ語語根 *špṭ*）は、大半の人にとっては、ある種の法的な役人――黒いローブをまとい、法壇に座り、小槌を持ち、法律に則って判決を下す人――を示唆する。デボラは、彼女の名で知られたなつめやしの木の下で裁判を開いていたようであるが（士師記四・五）、そのような明らかな例外を除けば、士師たちは法の解釈者とは見なされていなかった（但し、サムエル記上七・一五―一七も参照、士師記の枠を越えるものの、そこでのサムエルもまた明らかな例外である）。

事実、士師たちの主たる活動は、圧迫する敵に対してイスラエル人（あるいは少なくともイスラエルのいくつかの部族）を指揮することにあったと言えるだろう。士師記の初めの方では、個々の士師は「救助者」（三・九、一五、ヘブライ語で *yšʿ*）とも呼ばれ、動詞 *yšʿ* はしばしば、士師の活動を描写するために用いられている（二・一六、三・三一、六・一五、八・二二、一〇・一、一三・五を参照）。「士師」ないし「救助者」の活動は、救助が行われた後すぐに完結したわけではなかったことから（二・一八―一九、一〇・二―三を参照）、幾人かの学者たちは、「士師」の語は広義で「支配者」ないし「統治者」として理解すべきであると主張する。ヘブライ語の語根 *špṭ* は、この広義を表すこともあり（列王記上三・九を参照、そこで二回用いられている *špṭ* は「統治する」と訳される）、妥当な提案である。

長い伝統に鑑みて、本書では通常、士師記の主要な登場人物たちを「士師」と呼ぶ。しかしながら、最初に指摘しておくべきこととして、語根 *špṭ* が意味するのは、狭義の「裁く」や広義の「統治する」のみならず、最も広い意味で「正義を確立する」を表す。その理由から、ジョン・L・バークイストは、一般に「士師」と訳されているこのヘブライ語は「正義をもたらす者」と訳すべきであると提案する（Berquist, 91）。この主張は、士師とはこの世界に神の意志の制定を委託された人物であることを示唆する。それには外部の圧迫からの救助（二・一六、一八）、神への排他的な崇拝と奉仕を確実にするために行使されるリーダーシップ（二一・一九）、また神の意志が遂行されるものとしての生命を支える内なる状況の創造が含まれる。

士師が、正義を確立する者というこの広範な意味で理解されるべきであるということは、現在の士師記の形式と配置によって示唆されている。士師は、少なくともある意味で、ヨシュアの後継者として描かれている（一・一や二・六―二三を参照。「ヨシュア」が六節と二三節で言及される）。そのヨシュアは、モーセの後継者として描かれている（ヨシュア記一・一を参照）。出エジプト記から申命記によれば、モーセはトーラーを受け取り、ヨシュアはそのトーラーの守護者とされた（ヨシュア記一・八―九）。トーラーの意図は、神への排他的な崇拝を確保し（出エジプト記二〇・一―七を参照）、人間の生命を神が意図するように維持する条件を確立することにある（出エジプト記二〇・八―一七を参照）。トーラーによれば、神が意図する生命にとって根本的なものは、「正義」と「公正」である（申命記一六・一八―一九を参照。一八節の「公正」はヘブライ語で *mišpāṭ* であるが、一九節に二度現れる「正義」はヘブライ語で *sedeq* であり、実際ほぼ同義で、一般に「正義」と訳される。これはしばしば語根 *špṭ* と対をなすか、併せて用いられる。詩編七二・一、九六・一三、九八・九、アモス書五・二四）。従って、士師たちは、モーセやヨシュアの後継者として、最も広範な意味で、契約の仲介者であり、その中核にあるのは神への排他的な崇拝と神の道への従順——要するに、正義と公正である。

士師たちの直接の後継者は、サムエルとその息子たちであった。事実、サムエル記上七・一五—一七では、サムエルは士師であったと言われている。そしてサムエル記上八・一では、サムエルは「彼の息子たちをイスラエルの士師とした」と語られている。しかしこの配属は上手くいかなかった。なぜならサムエルの息子たちは「正義を曲げた」からである（ヘブライ語 *mišpāt*、サムエル記上八・三）。これは、「われわれを統治する［ヘブライ語 *špṭ*］ために王を」（サムエル記上八・五）という民の要求へとつながる。サムエルはこの要求に反対であったが、神は不承不承にこれに同意し、サムエルが民に「王の権能［ヘブライ語で *mišpāt*］」について「警告する」という条件を付ける（サムエル記上八・九、一一）。要するに、士師記が終了したほぼ直後の問題は、再び正義なのである。今後の王国が信頼に足る制度とされるために、あらゆる試みが行われることになる。王は神の子として描かれ（サムエル記下七・一四、詩編二・七）、神が世界に求める正義と公正の制定が彼に委ねられる（詩編七二・一—七、エレミヤ書二二・一—一六を参照）。

従って、士師たちは正典上の順序によって、一方ではモーセとヨシュア、他方では王たちの間の位置を占めている。この正典上の位置によって、地方の部族長あるいは軍事的英雄は広義での「正義をもたらす者」へと昇格させられている（下記の二bを参照）。事実、この変動は、おそらく申命記史家と思われるこの文書の編集者の関心と関与を反映しており、この者は、契約を中心的、組成的な概念として用いつつ、イスラエルの物語に統一性という形式をもたらした（下記の二cを参照）。この文書の二つの導入部分（一・一—二・五、二・六—三・六）のいずれもが「契約」について言及し（二・一—二、二〇）、二つ目の導入部分が、士師への不従順（二・一七）を神への不従順と事実上、等しいものと見なしている（二・二〇）のは驚くに値しない。士師たちは、現在の正典上の順序における最終形態の中で、契約の仲介者の役割が割り当てられた（下記の三を参照）。従って、彼らは「正義をもたらす者」、神への排他的な崇拝や神の道への忠誠の擁護者として描かれている。

しばしば行われる区別が、いわゆる「大士師」（オトニエル、エフド、デボラ、ギデオン、エフタ、サムソン）と、いわゆる「小士師」（シャムガル〔三・三一〕、トラ〔一〇・一―二〕、ヤイル〔一〇・三―五〕、イブツァン〔一二・八―一〇〕、エロン〔一二・一一〕、アブドン〔一二・一三―一五〕）である。オトニエルは「裁いた」と言われ、トラは救助に関与したことから、大士師と小士師の間の機能上の区別を主張することは難しい。両者の明らかな相違は、割り当てられている分量である。もしアビメレク（九章）を士師に数え入れないならば、士師の総数は十二である。本文書の蒐集者は、この数になるように、いわゆる小士師についての短い素材を取り込み、そしておそらくは、士師という役割においておよそ全部族の完全な代表として仕上げたように見受けられる（下記の二cならびに一〇・一―五と一二・八―一五の注解を参照）。

二b　士師の（諸）時代

比較的最近まで、大半の批評的な聖書学者たちは、好んで「士師の時代」と語り、これは一般に前一二〇〇―一〇二〇年頃に年代付けられてきた。このかつての合意に従えば、出エジプトは前一二八〇年頃に起こり、土地の征服は前一二五〇―一二〇〇年頃に起こった。土地を支配下に収めた後、イスラエルの民はおそらく、「部族連合」を形成し（ヨシュア記二四章を参照）、士師たちはこの組織の指導者として見られた。彼らは必要とあれば外部の敵と戦い、「国が平穏であった」（士師記三・一一、三〇、五・三一、八・二八）間には緩い行政的なリーダーシップを発揮した。

しかし近年、聖書学が明らかにしたのは、いわゆる征服が、ヨシュア記で示唆されているよりもはるかに複雑な出来事であったということである。事実、この結論に至るための鍵となった資料の一つが、士師記一・一―二・五である。そこでは、ヨシュアによって奪取されたとされる町や領域の多くが、カナン人の手の内に残されていたことが報告されている。このテクストの証拠から、考古学的な発見や新しい人類学的な研究と相まって、ヨシュア記はきわめて様式化された記述であるとの結論が導き出された。そしてそのことは、士師記の場合も同様に認められた。その配置は、実際の出来事を凡そ年代順に記録したものということではないのである。従って、「士師の時代」と言うことは、大きな誤解を招く。むしろ士師記における素材は、前一二〇〇―一〇二〇年から数百年後に活動した編集者たちによって、神学的な目的のために整えられた。要するに、いわゆる「士師の時代」はおそらく、申命記史家として知られる人物あるいは人物たちによる所産である（下記の二cを参照）。

これらの編集者が、手持ちの中からより古い素材を利用したことは間違いなく、また一二〇〇―一〇二〇年に、カナンで何らかのことが起こったのは確かである。事実、士師記の中に見られる物語は、前一〇二〇年に王国が設立される以前に端を発すると思われる。またオトニエル、エフド、デボラ、ギデオン、エフタ、サムソンは地方の英雄で、彼らの功績は記憶され、伝えられ、長年にわたって装飾が施されたのであろう。加えて、小士師のリストの詳細は確かに、歴史的な信憑性を帯びており、シャムガル、トラ、ヤイル、イブツァン、エロン、アブドンが実在の人物であった可能性をも示唆している。有り得そうもないのは、大士師であろうと小士師であろうと、士師たちが、現行の士師記が示唆しているように、全イスラエルを救助した、あるいは統治したということである。むしろ上述のように、現在の配列は、後の時代あるいは諸時代の諸問題を顧慮し、神学的な目的に寄与するものである。

従って、王国時代以前のイスラエルについての最近の歴史家たちが、士師記で描かれているのとは全く異なる像を描き出しているのは驚くに値しない。特に、王国時代以前のイスラエルは、しばしば徹底的に平等な社会として描かれ、そこでは男女が小さな家族単位で共に働き、より強力で、確固とした、階級的に組織されたカナン人の都市国家に支配された領域の縁であるカナン丘陵地にて、生存最小限の状態を脱しようとしていた。この描写あるいはその主たる側面は、おそらく歴史的に正確なものと思われる。これは士師記一・一―二・五で描かれている状況とうまく合致し、また例えば、預言者であり士師でもあったデボラのような女性が、初期イスラエルの生活の中で行政的、宗教的に主たる役割を果たし得たことの説明に寄与する（士師記四・四―五）。デボラとバラクの歌は一般に、旧約聖書の最も古い部分の一つと考えられており、士師記内の同物語と並んで、おそらくは実際の王国時代以前のイスラエルに由来し、士師記はそれについて伝えることを旨としている。

王国時代以前のイスラエルの再構成をめぐる当今の問題は、それが現在の士師記とは似ても似つかないことである。これは確かに興味深く有用であり、以下の注解では、王国時代以前のイスラエルの歴史的、文化的な現実について知られていることに言及する。しかしながら、主たる注意が払われるのは、士師記の最終形態である。上で示唆したように、「士師の時代」をつくり出すために、より古い素材を整えたのは、士師記の蒐集者（たち）や／あるいは編集者（たち）である。蒐集者（たち）や／あるいは編集者（たち）の仕事は数世紀に及んだものと思われる。この観点から、「士師の諸時代」と言う方がより正確である。従って、以下の注解では、士師記ないしその部分が、王国時代のイスラエルと／あるいはユダ、捕囚前の王国時代後期のユダ、捕囚時代と捕囚後の復興の時代の民に語りかけるために、どのように形成されたのかということに配慮する。

王国時代以前のイスラエルについての現在の歴史的な再構成と、現行の士師記との間に重要な接点があるとすれば、それは両者が閾《いき》の（liminal）状況にあるイスラエルを描いているということである。英語のliminalは、「敷居」、「境界」あるいは「縁」を意味するラテン語〔liminalis〕に由来し、より確固とした地位ないし安定した地点への移行、あるいは「狭間に」ある人物あるいは状況を描き出すのに用いられる。王国時代以前のイスラエルについての現在の歴史的な再構成では、イスラエルはカナンの中央高地において、カナン人の都市国家に支配された、より魅力的な地域の境界や縁、あるいは周辺で存在したという意味での閾にあるものとして描かれる。彼らは文字通り、カナン人が支配するより確固とした圏域の「狭間に」生きた。士師記の中では、イスラエルは過去の英雄であるモーセとヨシュアによるリーダーシップと、より恒久的で確固とした制度である未来の王国の発足の「狭間に」ある。特に士師記の最後の五章は、「そのころ、イスラエルには王がなく、それぞれ自分の目に正しいことを行っていた」（一七・六、二一・二五、なお一八・一、一九・一を参照）という観察を繰り返すことで、より確固としたリーダーシップの到来を予測しているように見える。

王国時代以前のイスラエルについての現在の歴史的な再構成と士師記自体のいずれもが閾の状況を描いているという限りにおいて、両者はおそらく、契約への忠誠という難問が、あらゆる世代の神の民が直面している不断の難問であるということを示唆する形で集約する。いずれにせよ、上で述べたように、本書が主に留意するのは、士師記の最終的な文学形態や最終形態の重要性であり、歴史的な再構成や結論の重要性については（無視はしないが）相対的に扱う。

二c　士師記の生成と形式

上述のように、士師記における素材の多くはおそらく、元来は前一二〇〇―一〇二〇年に年代付けられ、この時期に士師記は起草され始めたとされる。しかし、この古代の素材には加工、補足、調整が、おそらく幾度も行われたのは明らかである。地方部族の英雄についての物語の収集過程は、比較的早くに始まり、それらの生成過程は、ある特定の目的のためのものであったと思われる。例えば、ユダの部族には、一・一―二・五を筆頭に、士師記を通じて卓越した地位が与えられている。このことはもちろん、後代の歴史的な文脈の多様性の中で意味をなす。例えば、これはダビデ王朝とその主張への支持を表明しているか、あるいは北王国よりも南王国の方がより長く続いたという歴史的な現実を反映していよう。これを、士師記の諸部分ではサウル王と関わりのあるベニヤミンやギブア（特に一九―二一章を参照）への顧慮がきわめて乏しいという観察と組み合わせると、士師記は、サウルにまさるダビデを主張するための政治的なプロパガンダとなるよう意図されている。

いずれにせよ、古代の素材のきわめて決定的な生成は、ダビデ時代から数百年後に起こったと見られる。二十世紀における聖書学の歴史の中で最も影響力と耐久性を持つ理論の一つが、申命記史書の存在に関するマルティン・ノートの提案である。ノートが主張したところによれば、申命記に保持された観念の薫陶を受けた人々が、申命記、ヨシュア記、士師記、サムエル記上・下、列王記上・下の文書からなるおよそ統一的な物語を創出するために、古代の伝承、資料、物語を形成した。この申命記史家たちが何者だったのか、厳密にいつ、どこで、どれほどの期間活動したのかの詳細は明らかではない。ノートの理論は、多くの学者たちによって精錬、修正、拡張が施され、今では、申命記史書は前七二二年の北王国滅亡の後程なくして起草されたと見られている。これはおそらく、いくつもの「版」を重ね、最後の「版」は、前五八七年のエルサレム陥落、それに引き続いた捕囚、そしておそらく復興（あるいは少なくとも復興の希望）という経験を反映している。

申命記史家たちは、唯一の場所エルサレムでのイスラエルの唯一の神への排他的な崇拝に傾倒していた。彼らはダビデ王朝にかなりの希望を託し、その欠点を十分に認識しつつも、これを最高で厳格な規範として保持しようと試みた（申命記一七・一四―二〇を参照）。事実、申命記史家たちの主張では、最終的なエルサレムの陥落と王国喪失、それに引き続く捕囚は、民や特に王たちが、トーラー自体や、トーラーが求める正義や公正を体現せよとの預言者の呼びかけに従順に応答しなかったことによって説明される（列王記下一七・七―二〇を参照）。たとえそうであっても、申命記（二七―三〇章、トーラーへの従順あるいは不従順の結果としての祝福と呪い）や申命記史書に見られる応報の図式は、申命記史書自体で覆されており、神は王国さえも含む神の民との交わりを断ってはいないという、少なくとも暗示を呈して終わる（列王記下二五・二七―三〇を参照）。リチャード・ネルソンは、列王記下の最後の四節についての注解の中で次のように記している。

列王記は、神の選択の自由が大きく残されたままで幕を閉じる。ここにおいて本文書は、あらゆる聖書的信仰の規範である。未来への鍵は神のみにある。イスラエルと教会の両方の経験は、聖書の神が驚きの大団円と驚くべき恵みの神であることを証している。（Nelson, 269〔ネルソン『現代聖書注解　列王記上・下』四一二頁〕）

要するに、申命記史家たちは、神が少なくとも究極的には慈悲深いということを暗示している（Barry G. Webb, 209も参照。ウェッブは、神が慈悲を示すことを含めて「予期に反すること」を描いている士師記自体には、「歴史の力学理論」は含まれていないと指摘しつつ、この見解を主張している）。この方向性は、捕囚期や捕囚後の預言者たちによって取り上げられ（イザヤ書四〇―六六章を参照）、ダビデ王朝の理想は、それが歴史的に終焉を迎えた後も、民全体がダビデ家の後継者となる、あるいはダビデ家がいつか復興するとの確信の形で生き永らえた。

上述のように、「士師の時代」というものを創り上げたのは、申命記史家たちである。彼らの仕事の最も明らかな証拠は、士師記二・六―三・六に見られ、そこには、士師記を通じて繰り返され、個々の士師のさまざまな物語の間に統一性をもたらしている基本的な枠組みが含まれている。サイクルは以下の要素からなる。

一　民がバアルやその他の神々を崇拝するという「悪しきこと」を行う（二・一一―一三、なお三・七、一二、四・一、六・一、一〇・六、一三・一も参照）。

二　神は民の不忠実に怒り、彼らが敵に圧迫されるに任せる（二・一四―一五、なお三・八、一二―一四、四・二、六・一―五、一〇・七―一〇、一三・一も参照）。

三　民が助けを求める叫びに応じて、神が士師／救助者を起こす（二・一八を参照。そこでは民の叫びというよりも「うめき」が述べられる。なお三・九、一五、四・三―一〇、六・六―一八、一〇・一〇―一六も参照）。圧迫は取り除かれ、士師が生きている間は平穏が訪れる。

四　士師が死ぬ。民は再び偶像崇拝と不従順へと戻る。そしてサイクルが再び始まる（二・一九を参照）。

このサイクルの性質は、捕囚前と、捕囚期／捕囚後の時代の両方の申命記史家たちの目的によく寄与したと思われる。前者の捕囚前の申命記史家においては、このサイクルは、個々の預言者たちが民に同じように警告していたように、不従順が破滅という結末に至るという民への警告として機能したであろう。後者の捕囚期／捕囚後の申命記史家においては、このサイクルは、個々の預言書がその最終形態で同じように主張しているように、圧迫された民が助けを求めて叫ぶ時には、神がこれに耳を傾けるという希望と約束を提供するものとして機能したであろう。要するに、このサイクルは、捕囚を説明するために、そして破滅を超えた希望の可能性を持たせるために機能したと思われる。

士師記を注意深く読むことで明らかとなるのは、このサイクルがすべての場合で完全には現れないということである。文書が進むに従って、サイクルは更にはっきりと、よりバラバラないし不完全になっている。例えば、一〇・一〇の民の叫びは、助けを求める叫びというよりもむしろ、罪の告白である。これは良い兆候のように見えるが、神は「わたしはもうあなたたちを救わない」と言って応じている（一〇・一三）。事実、エフタはその後アモリ人を打ち負かすが、彼の勝利は、彼の悲劇的な誓願によって台無しになる。サムソンに至ると、パターンはほぼ崩壊する。民は叫びを上げず、サムソンが単に「ペリシテ人の手からイスラエルを救い始めた」とだけ語られる（一三・五）。

サムソンの物語の後、サイクルは完全に消滅する。一七―二一章はしばしば、士師記への後代の付加ないしエピローグと見なされるが、これらは三―一六章で示された方向性が行き着くきわめて論理的な結論を提示している。事態は次第に崩壊していき、一七―二一章でそれは完了する。偶像が製作、崇拝され、祭司たちが雇われる。ある一人の女の殺害が残虐な内戦をもたらし、その中でベニヤミン族はほぼ壊滅する。補償を行おうとして、更なる残虐行為が起こる。要するに、道徳の混乱と社会的な混沌が当時の状態であった。なぜなら、「そのころ、イスラエルには王がなく、それぞれ自分の目に正しいことを行っていた」からである（二一・二五、なお一七・六、一八・一、一九・一を参照）。

表面上、一七―二一章――そして事実、士師記を通じて生じる漸進的な劣化――は、ダビデ王朝への澱みない段取りのように見える。事実、士師記は、この目的を心に留めて形成されたと思われる。上述のように、申命記史家たちは全般的に、王国を支持した。そして申命記史書の捕囚前の編集が「士師の時代」を用いて目指したのは、王国の正当性を例示することであった。

しかしそうであるとしても、思い起こす必要があるのは、申命記史書の捕囚期あるいは捕囚後の「版」が生み出された可能性である。捕囚の観点から見れば、王国は、士師職と同様、失敗したことが明らかとなった。この失敗に含まれている使信は、いかなる制度――ダビデ王朝でさえ――も、偶像崇拝と不忠実がもたらす結果からは免れないということである。ダビデ王朝の失敗と消滅という歴史的な事実は、士師記の解釈のためには決定的である。

このことが意味するのは、例えば、士師記を単にダビデのプロパガンダとして読めないということである。歴史上、かってはそのような役割を果たしていたとしてもである。士師記はまた、ユダヤ人とキリスト者の両方が時折そうしていたように、凱旋的に読むこともできない（下記の三bを参照）。神の民とその制度が、神への排他的な崇拝の促進に失敗し、神の意志の体現に失敗するときには、彼らもまた、偶像崇拝と不従順のもたらす破滅的な結果に苦しむことになるのである。

捕囚という災難から芽生えたと見られるのが、神は依怙贔屓しないという認識であった。偶像崇拝と不従順は、あらゆる民を破壊するのと同じく、神の民を破壊する。しかし捕囚からは、イスラエルの神はすべての民、すべての国、そしてまさにすべての創造の神でもあるという新しい、あるいは新たにされた認識も芽生えた。明らかにされたのは、この万国の神が、万国の民を集めようとする神に他ならないということである。それゆえ、もしイスラエル／ユダに特別な役割があるとすれば、そこには何らかの形で「地上のすべての氏族」の祝福（創世記一二・三）や「諸国の光」（イザヤ書四二・六）になるということが含まれるのである。イスラエルの特権は、奉仕者としての特権である。従って、神の町は、単にイスラエル／ユダが集まるための場所ではない。むしろ、「すべての国々」が集まる場所となる（イザヤ書二・二）。ヨシュア記と士師記では争いの対象であるイスラエルの地は、本質上、すべての国々の所有となるのである。究極的にはこれが、神が世界に望むことである。事実、すべての国々の集合は、神が「国々の間に正義を打ち立てる」ことを示している（イザヤ書二・四）。

これらすべてが意味するのは、士師記を読む際には、物語が起草された歴史的な情況を背景にするだけでも、素材が蒐集、編集された歴史的な情況を背景にするだけでも、また文書自体の最終形態に注意深く目配りするだけでも足りないということである。士師記は最終的には、律法と預言者に含まれている全正典の物語、創世記に始まり、「諸国の光」としての委任と配置を受け、赦され回復された民で終わる物語の一部分としても読まれ、解釈されなければならない。

三　正典の文脈における士師記

旧約聖書の決定的な出来事は出エジプトであるとしばしば言われるが、きわめて重要なのは、イスラエルがその権威ある物語を創造から始めるという選択を行い、それによってイスラエルの神が、全人類と全創造の神であると確言されていることである。テレンス・フレットハイムが説得的に示しているように、出エジプトの物語と出エジプト記は、創世記の光の下でのみ理解することができる（Fretheim, *Exodus*, 12-22〔フレットハイム『現代聖書注解　出エジプト記』三六―五〇頁〕）。出エジプトとトーラーの授与が目指しているのは、神の創造の目的の成就であり、それはファラオ制のような死をもたらす制度や政策のない、人類が生きて栄えることのできる世界である。創世記には、物語の焦点がすべての国民からアブラハムとサラ、彼らの子孫へと狭められてはいるものの（創世記一二・一―三）、アブラハムの祝福には何らかの形で「地上のすべての氏族」の祝福が含まれている（創世記一二・三）。

律法が創造から始まることがきわめて重要なだけでなく、これが申命記で終わることも決定的に重要である。これは見て分かるように、不自然な区切りである。ヨシュア記で祖先への約束が成就する前で、物語が遮断されているからである。しかしジェームス・サンダースが主張したように、この不自然な区切りは、ほぼ間違いなく多分に意図的なものである（Sanders, 1-53）。その意図とは、イスラエルの最も権威ある聖書部分である律法を、土地の占有から分かたれた状態にしておくことである。従って、イスラエルの最も権威ある聖書部分は、民を永久に土地の外側に置かれた状態にしているのである。これは当然、捕囚期／捕囚後のイスラエルの経験を間違いなく反映しており、イスラエルは前五八七年以降、土地を真に支配下に収めることは二度となかった。申命記によって律法がもたらした結末は、実に目覚ましい動きであり、それは捕囚後の時代におけるユダヤ教の創出と、カナンの地と不可分に結び付いた単なる地域宗教としてでなく、世界宗教としてのユダヤ教の存続への道を拓くものであった。

前の預言者（ヨシュア記、士師記、サムエル記上・下、列王記上・下）は、確かにイスラエルによる土地への入場と占有について物語るが、前七二二年のサマリア、前五八七年のエルサレムの破滅に伴うイスラエルの土地の喪失についても物語っている。後の預言者（イザヤ書、エレミヤ書、エゼキエル書、十二小預言書）は、それに「説明」を施し（民が神のみの崇拝と神の意志の実行を怠った）、また破滅を超える未来を示すことで、この現実を甘受しようとしている。後の預言者の最初の文書であるイザヤ書は特に影響力を持つ。その締め括りの章では、民に対する神の赦しが宣言され（四〇・一―二）、彼らの土地への帰還が予期され、彼らはその主権がまだなお有効である万国の神の僕《しもべ》として位置付けられている（イザヤ書五二・七―一〇）。この神が望むのは、神の民が「諸国の光」となることに他ならない（イザヤ書四二・六、四九・六）。それは、「国々の間に正義を打ち立てる」という神の意志を果たすためである（イザヤ書二一・四）。（なおイザヤ書四二・四では、僕《しもべ》の使命が「国々に正義をもたらす」こととされている。「正義」の語が三―四節で繰り返されているのも参照。）

クラウス・コッホは適切に、後の預言者の神学を「倫理的未来主義的一神教」と述べており、それは彼が「同心円的唯一人間論（concentric monanthropology / konzentrische Monanthropologie）」と呼んでいるところの人間論的な相互関係である（Koch, 12-14〔コッホ『預言者I』三六―三七頁〕）。換言すれば、預言者たちは、あらゆる国々を支配する唯一の普遍的な神を宣言していることから、この神の視界にあるのは、只一つの人類――一つの神、一つの人類――である。この神が望み得るのは、「国々の間に正義」が（イザヤ書二・二）、「この地に正義」があることだけである（イザヤ書四二・四）。なぜなら、すべてはこの神に属するからである。従って、ユダヤ教正典の二つ目の部分である預言者の視点と、一つ目の部分である律法の視点の一致は明確である。すなわち、律法は万物の創造者についての描写で始まる。そして預言者が提示しているのは、至高の神についての描写であり、その意志は、「地の果てまで、すべての人が、わたしたちの神の救い［すなわち、生命を与える力］を仰ぐ」まで完成しない（イザヤ書五二・一〇）。

しかしながらこの一致は、律法と、イザヤ書に始まる後の預言者との間でより明確であるように見える。士師記を含む（ヨシュア記、サムエル記上から列王記下と並んで）前の預言者はどうであろうか。そこでは、神が普遍的に現れることはなく、むしろ他の民や国に増してイスラエルを依怙贔屓しているようで、時に暴力的にそうしている。どのような形であれ、現代の士師記の読者たちを最も頻繁に悩ませるのは、まさしくこの問題である（上記の一を参照）。

正典の文脈は、この実に悩ましい問題について、いくつかの観点を提示しており、とりわけ士師記が最終的には、これを取り囲んでいる素材の文脈の中で理解されるべきであることを示している――それは、全世界を創造し自らのものとする神を描いている律法と、その目的がすべての国を網羅する究極の主権者を一致して描いている後の預言者の両方である。要するに士師記には、神の普遍的な主権と地のあらゆる民の間に正義と公正を求める神の意志の否定と見なされるべきものは何一つない。

士師記を含む前の預言者が、そのより大きな正典の文脈の中で理解されるならば、これらが強調するのは神の卓越した業の決定的な特徴である――すなわち、普遍的な神が個別主義的にはたらいている。換言すれば、特定の民であるイスラエルが、世界を網羅する神の意志の成就において決定的な役割を演じるのである。決定的な問いは、イスラエルが神のみに忠実で、神に与えられたその役割を果たすかである。事実、これが士師記の冒頭で提示され（一・一―二・五、二・六―三・六についての注解を参照）、文書全体に広がる決定的な問いである。そしてこの問いは必然的に、別の問いを導く。すなわち、イスラエルはいつ忠実でなくなり、神はどのように反応するのかである。

実際にはもちろん、これらの二つの問いは、既に律法自体でも提示されている。出エジプト記が展開しているように、神が主として対峙しなければならないのは、ファラオと彼による死をもたらす政策ではなく、むしろ神自身によって最近救われた民と彼らの不従順の傾向である。民が二度にわたって神への従順を約束する契約の祝祭のほぼ直後に（出エジプト記二四・一―一一、特に三、七節を参照）、彼らが実際にはきわめて不従順であることが明らかになり、神への忠実の代わりに偶像崇拝を選び、金の子牛を崇拝する（出エジプト記三二・一―六）。確かに、民はそれによって神の怒りを呼び覚ますが（出エジプト記三二・七―一〇）、モーセによる民のためのとりなしに従って（出エジプト記三二・一一―一三）、神は「民にもたらすよう計画した災いについて、その心を変える」（出エジプト記三二・一四）。金の子牛の挿話の結論は、神を「憐れみ深く恵みに富み、忍耐強く、慈しみとまことに満ち、……罪と背きと過ちを赦すが、罰すべき者を罰せずにはおかない者」として示すことである（出エジプト記三四・六―七）。

実際にヨシュア記と士師記には、出エジプト記に見られる場面の再演が含まれている。ヨシュア記三・一四―四・二四におけるヨルダン川の横断は、出エジプト記一四章における海の横断とエジプトからの脱出を想起させる。その後に続く土地の民の敗北（ヨシュア記六―一二章）は、出エジプト記におけるファラオとその軍隊の敗北と並行する。そしてヨシュア記五章における荒野世代の割礼が明らかに示唆しているのは、金の子牛の挿話であり、その結果、「あなたたちからエジプトでの恥辱を取り除いた」と言われているのは驚くに値しない（ヨシュア記五・九）。出エジプト記と同じく、救助は契約へとつながる。そして最終章のヨシュア記二四章は、特に出エジプト記二四章とその契約の祝祭を想起する。

従って士師記が始まると、新たに救助されて構築された民には、神のみを崇拝して仕えるという新たにされた機会が与えられる（ヨシュア記二四・一四―一六、士師記一・一―二・五を参照）。新たに救助された民はヨシユア記二四章において、出エジプト記二四章における彼らの祖先よりも良く歩むかのように、神のみに仕えると三回も約束している（一八、二一、二四節）。しかし彼らはこれを守るだろうか。上で示唆したように、これこそが士師記が取り組み展開している問いである。

一言で言えば、もちろん、答えは否である。士師記の冒頭から、民は神の意志に反して彼ら自身の意志を主張する（一・一―二・五についての注解を参照）。そして彼らは神のみの代わりに、その地のバアルを崇拝する（二・六―三・六についての注解を参照）。更には、彼らは士師記を通じて繰り返しこれらのことを行う。士師記で物語られている各々の救助は、一種の新しい出エジプト（あるいは少なくとも新しい小さな出エジプト）であり、それぞれの後には、時として民の不忠実な反応が続く。しかし神は何度も救う（士師記に統一性をもたらす繰り返しのサイクルないしパターンの描写については、上記の二cを参照）。従って、士師記には実際に、既に律法、特に出エジプト記に見られるパターンの多重の再演が含まれている。すなわち、神は民を救助する。民は後に不従順となり、自分たちの不従順の破壊的な結果（出エジプト記三四・七が述べるように、罪は必ずしも明確にされない）だけでなく、民を最終的には見放しにできない神の不変の愛と忠実も経験する（下記の四を参照）。

しかしながら士師記におけるこのパターンは、出エジプト記を想起させるだけではない。それは続く前の預言者、また後の預言者の諸文書をも予見している。最終的に、イスラエルの頑固な偶像崇拝と不従順は、前の預言者が（列王記下において）物語り、後の預言者が警告していたように、関係の明白な破壊へとつながる。しかし契約が永遠に破棄されたかのように見えるときに、前の預言者の結末（列王記下二五章）は微かな希望を提示する。そして後の預言者、特にイザヤ書は、寛大な神はまだ別の新しい出エジプトをもたらすと主張する。今回は捕囚からの帰還という形によってである（特にイザヤ書四〇―五五章、また上記の二cを参照）。出エジプト記に見られ、士師記で繰り返し再演されるパターンは、いまだに有効なのである。

士師記とその正典上の文脈の関連は重要である。それによって、士師記がまさに預言書の一つであることを読者に想起させる。イスラエルは神のみを崇拝し仕えるのか、という問いを強調することで、士師記は他の預言書と結び付き、あらゆる世代の神の民に契約への忠実――神のみの崇拝と、神が望む正義、公正、平和の追求――を呼びかける。他の預言書と同じく、士師記は偶像崇拝と不従順の破壊的な結末を描き出すことで、警告になっている。しかし他の預言書と同様、警告は、イスラエルの神が変わらず不忠実な民にさえも究極的には忠実であるとの希望に根差してもいる（上記の一、また下記の四を参照）。

すなわち、士師記とその正典上の文脈の関連もまた、士師記の主たる側面が聞かれ、理解されるべき方法に影響を及ぼしている。換言すれば、少なくとも改革派の観点から見れば、聖書全体は特定の部分の解釈に影響を及ぼすのである。そこで次に、士師記の正典上の文脈が、本文書の解釈上の主な特徴に与える影響力について考える。

三a　土地

ビクター・Ｈ・マシューズは、離散の神の民が捕囚後の時代にカナンの地をどのように見るようになったのかを次のように見事にまとめている。「『約束された土地』が意味したのは、もはや単純にカナン／パレスチナ／イスラエルではない。むしろそれは、彼らが契約共同体の一員として生きたあらゆる場所を意味するまでに広げられた」（Matthews, *Old Testament Themes*, 38）。このような視点の拡大は、捕囚期や捕囚後の時代において発展した預言者的な視野と完全に一致する。イスラエルの地、またより明確にはかつてのユダの首都エルサレムは、国々の間と地の果てにまで正義を打ち立てるという神の意志のしるしとして（イザヤ書二・一―四、五二・七―一〇）、すべての国が集まる場所となるのである。

事実、士師記が物語るのは、カナン／パレスチナ／イスラエルの地をめぐる、長きにわたる紛争である。しかし士師記を、その一部であるより大きな正典の物語の文脈で読むと、読者は土地を象徴的に理解するよう誘われ、勧められる。聖書の用語では、土地は生命への参入を表している。前一二〇〇―一〇二〇年、カナンは農耕社会となる過程にあり、それは王国時代を通じて維持された（都市化に向けた方向性と市場経済の発展を伴ったより高度な農耕社会となったもの）。農耕社会では、一人一人が未来を得るために―一言で言えば、生きるために―土地を持たねばならなかった。ヨシュア記が、全部族だけでなく、いくつかの場合に部族の全氏族について土地の割り当てがリスト化されるよう気を配っているのはこのためである（ヨシュア記一三・八―二一・四五）。ナボトにとって自分の家族の嗣業の地を失うことが痛ましい事柄であったのもこのためである（列王記上二一・一―一六）。すべての人に土地が必要である。それは正義や公正の問題であった。あるいは換言すれば、それは人類が生活し繁栄するという神の創造目的の成就の問題であった。ナボトの場合には、預言者エリヤが携わる（列王記上二一・一七―二九）。正典の視点で見ると、預言者たちは正義や公正の主張者であると同時に、神の代弁者であり、トーラーの布告者である。しかし当然のことながら、それらすべては互いに密接に結び付いている。神が望み、教えること（トーラーが意味するのは本質的に「法」ではなく「教え」である）は、人間に生命を可能にする状況の創造である。

上述のように、士師記は正典の預言者の一部である。創世記に始まり、後の預言者で終わる物語の文脈において、預言的な言葉として士師記を読むと、土地をめぐる紛争の中で危機に瀕している神学的な問題は、生命は可能なのか、またそれはどのように可能になるのかということである。士師記によれば、生命は可能である。しかしそれはイスラエルの唯一の神との忠実な関係の中でのみである――すなわち、イスラエルが神のみを崇拝し、神の道のみを追求するというその契約の約束を重んずるときのみである。イスラエルは、忠実であるときのみ、「地上のすべての氏族」の祝福をもたらし（創世記一二・三）、「諸国の光」として仕えることができる（イザヤ書四二・六、四九・六）。士師たちの役割は、圧迫する敵への抵抗と神のみの崇拝と奉仕へと向かうリーダーシップを含めて、契約の生命を可能にする条件を定めることにある。

イスラエルの神との忠実な関係の反対が、偶像崇拝と自己主張であり、それらが実際に帰するところは同じことである。イスラエルの契約のアイデンティティが消え去ることで、偶像崇拝と自己主張は、イスラエルの土地占有を危険にさらす――すなわち、彼らは生命を危険にさらすのである。これをより完全に理解するため、そして偶像崇拝と自己主張が実際に同じことであると認識するために、カナン人と、士師記の中で彼らが表しているものについて次に考える。

三b　カナン人

創世記に始まり、律法と預言者を通じて続くより大きな正典の物語の文脈におけるイスラエルのカナン人との関係についての無理解によってもたらされたのが、士師記がキリスト者の解釈者によって、神の創造目的を追求するためではなく、暴力を正当化するためにしばしば利用されるという事態であった。例えば、植民地時代の北米におけるピューリタンの説教者たちは、先住民族はカナン人として見られ、その一方でキリスト教徒の英国人入植者はイスラエル人の後継者——神の新しいイスラエル——として見られると主張した。そしてピューリタンの説教者たちは、士師記に訴えて、先住民の土地は奪取されるべきであり、彼らは改宗されるか一掃されるべきであると結論付けた。これは悲劇である。そして事実、暴力の上にアメリカ合衆国は創建され、暴力という特質は、この国や世界中で今なお生命に幅を利かせている。今日の多くの人々は、士師記をあまりに暴力的であるとして批判しがちであるが、彼らは二十世紀こそが人類の歴史の中ではるかに最大の暴力の世紀であったということに気付いていない。

この事実は、一部は士師記の読み方に基づいた虐殺の歴史と共に、士師記をそのより大きな正典上の文脈で読むことに基づくカナン人理解へと至るのを非常に重要なものとしている。ロバート・アレン・ウォリアーは、士師記がアメリカ先住民に対する暴力を是認するために使われたことを指摘しつつ、次のような重要な結論に至っている。

> 第一に、カナン人はキリスト教の神学的な省察や政治的な行動の中心になければならない。……カナン人を中心に保つことで、聖書を読む人は、自分たちに鼓舞や正当化をもたらすような部分だけでなく、そのすべてを読むようになる。（Warrior, 264）

士師記における土地についての議論の中で述べたように、より大きな正典上の文脈が決定的に重要である。

士師記は、より大きな正典上の文脈から離れて読まれると、神は依怙贔屓することを意味すると理解され得る（またそうされてきた）。要するに、神はその「選ばれた民」だけを愛し、それら「選ばれた民」は他の民——カナン人、エジプト人など――を犠牲にして神から褒賞を得たというのである。事実、さまざまな集団が、歴史のさまざまな地点において、自らを専ら選ばれた者としてきた――古代のイスラエルとユダの人々、後にはユダヤ教徒、数世紀を通じてキリスト教徒、そして現代のイスラエル人である。そして彼らの選びに基づいて、また士師記に伝えられていることに合わせて、これらの民は、彼らが「カナン人」と見なした人々を迫害し、殺害した。ユダヤ教徒はイスラム教徒を殺し、キリスト教徒はユダヤ教徒、イスラム教徒、アメリカ先住民、アフリカ人を殺した。そして現在、イスラエル人とパレスチナのキリスト教徒やイスラム教徒はしばしば互いに殺し合っている。さまざまな時と場所におけるこれらの集団はいずれも、神についての聖書の証言を無視してきた。神は、全人類を神自身のものとし、すべての国の間に正義、公正、平和を望み、ある特定の民を「選ばれたもの」とするときには、彼らに世界を覆う正義、公正、平和の支配の代理人となることを望んでいるのである。

律法と預言者の最終形態（そしてキリスト教徒にとっては新約聖書やイエス）において顕現する神であるこの神が、カナン人ないしその他の人種、民、国を憎むことはない。この神は世界を愛する。そしてこの神は、依怙贔屓してカナン人の虐殺を命じることで神のお気に入りが自分たちの土地を獲得できるようにはしない。従って士師記は、そのより大きな正典の文脈で読まれるならば、暴力の正当化のために用いることはできない。このことは、カナン人（や士師記の中でイスラエルの敵として名が挙げられている他の民）についての言及が象徴的に理解されねばならないことを意味する。

これに関しては、再び出エジプト記との比較が助けとなる。テレンス・フレットハイムが論じているように、出エジプト記において神がファラオに敵対しているとすれば、それは神がエジプト人を憎んでイスラエル人を依怙贔屓しているからではなく、ファラオが死の力を代表しているからである。ファラオは圧迫や死の代理人として、神の創造目的、人類のための生命という神の意志を阻んでいた。同様に、士師記において、カナン人に対する神の圧迫は、神が特定の民を憎んだことを意味するものと理解されてはならない。むしろこれは、不正義や不公正に基づき、その結果として致命的な圧迫をもたらした生き方に対する神の反対を示唆している。E・ジョン・ハムリンは次のように指摘する。

士師記一章の「カナン人」は、ヤハウェの良き秩序に反対するものと見られていた力、構造、個人について述べている一種の符号である。真の敵は民全体ではなく、社会の組織方法であった。(Hamlin, 14)

カナン人体制のバアル主義についてのJ・P・M・ウォルシュの分析は、士師記を越えた素材に基づいた解釈的な把握ではあるものの、この点に関して教示的であるかもしれない。ウォルシュ曰く、カナン人の宗教であるバアル主義は生存を憐れみの上に置き、一方でヤハウェ主義は憐れみを生存の上に置く。バアルやアシェラなどの豊穣の神や女神の崇拝は本質において、季節毎の農業生産に関する人間の要求に神が尽くすよう操作しようとする試みであった。確かに、人間の生存や生産性に付帯する要求は理解できる動機である(またキリスト教が多くの形で歴史的に確証してきたし、今なお確証していることでもある)。しかしそれらは、神を人間の処理下に置くことに基づいている。要するに、この観点からは、偶像崇拝(バアル崇拝)と自己主張(人間が神を処理する)は同義となる。ウォルシュによれば、たとえ生存のための要求であろうとも、人間の要求を究極的な関心とするあらゆる体制が必然的にもたらす結果は、階級的に組織化された社会であり、その中ではより成功の多い生産者が、より成功の少ない者を支配する。聖書の例としては、ファラオのエジプトやカナン人の都市国家体制がある（Walsh, 13-28）。

「カナン人」についての言及を、不公平を持続させ、究極的には人間の生命を脅かす抑圧的な不平等を生み出すような社会生活の組織方法を述べているものとして象徴的に読むとすれば、士師記は、ある「選ばれた」集団が他者の土地や／または資源を獲得することの正当化として読むことはできない。また士師記は、大量虐殺ないし他の暴力の形を支持するものとして理解することもできない。むしろ士師記は、全人類に憐れみを抱く神が望む正義、公正、平和を打ち立てるための預言者的な呼びかけとして読まれるべきである。

暴力的な私欲を支持するために士師記が用いられてきた悲劇的な歴史に鑑みるに、この段階で、士師記の正典上の文脈だけでなく、本文書自体の形式、特にその漸進的な劣化というパターン（上記の二cを参照）をも思い起こすことが適切である。本文書が進展するに従って連想させるのは、出エジプト記である。そこでの問題は最終的にはファラオやエジプトではなく、むしろイスラエルの民の偶像崇拝や不従順である（出エジプト記三二―三四章を参照）。士師記でも同じく、主たる問題はカナン人よりもむしろイスラエルの民自身である。彼らは、冒頭から自己主張と偶像崇拝を行う（一・一―二・五、二・六―三・六についての注解を参照）。最後には、全混乱はイスラエルの民によるイスラエルの民に対する暴力によってしるし付けられ、それはベニヤミン族をほぼ壊滅に追いやる。

この観点から見れば、士師記は古代イスラエルへの招きであると共に、あらゆる世代における神の民への招きであり、それは自分自身を他者（他者がどのように解されるとしても）よりも優れた、または値高いことを力ずくで示すのではなく、むしろ自分の家に秩序――すなわち、神のみの崇拝と奉仕――をもたらすためのものである。要するに、「カナン人」を象徴的に解釈するために正典上の手がかりに従うことは、士師記を――他の預言書が通常、より分かり易くそう読まれているように――悔い改めの呼びかけとして読むことを意味し、それはまた、神の民が人類のための神の創造目的の成就に参与する起動力になるかもしれない。

そしてまたこの観点から見ると、士師記は、偶像崇拝／自己主張（すなわち罪）という人間の変わらぬ傾向の只中にあって、神のみの崇拝と奉仕の深い難しさ、世のための神の創造目的の体現に失敗することがもたらす破壊的な結末を示している。結局のところおそらく、士師記はこの観点から、暴力的に平和を望む――士師記における暴力と復讐の機能に注意を促す矛盾表現――神を証しているとさえ言えるかもしれない。

三c　暴力と復讐

前項では、士師記が暴力に満ち、神を怒り報復するものとして描いている文書であると多くの人が語る際に、これと容易に関連付ける特性について触れた。確かに、士師記には暴力的な物語がある。しかしながら現代人が士師記の過度な暴力を指摘するときの問題の一つは、われわれがそれよりも暴力の少ない世界に住んではいないということである。事実、上で述べたように、二十世紀は、これまでの人類の歴史の中で最も暴力的な世紀であった。そして暴力は、米国の〔日本でも〕日常茶飯事である――家庭で、学校で、地域で、球場で、そしてテレビや映画では言うに及ばずである。事実、士師記はその最終形態において、より大きな正典上の文脈で読まれると、われわれの暴力的な有様を、時宜を得て思い起こさせるものかもしれない。要するに、士師記は暴力を推奨するものではなく、むしろそれを非難するものである。神の正義、公正、平和がすべてに確立されていなければ、暴力が当然の結果であることをその読者に思い起こさせるのである。

出エジプトの物語と同じく、士師記における暴力は、神の創造目的の成就をその目的としている。出エジプト記では、イスラエルの民は既にファラオの暴力的な政策の犠牲である。エジプト人は物語の中で死ぬ。しかしそれは、神が彼らの破滅を望んでいるからではなく、むしろ彼らが死に至る不正の持続に固執しているからである。本質的には、剣によって生きた者は、剣によって死んだのである。もしファラオがイスラエルの民を奴隷にしたり殺したりするのを止めていたならば――すなわち、もしファラオが神の意志を遵守していたならば――、暴力の連鎖は止めることができたかもしれない。従って、出エジプト記は、抑圧者が戦わずに諦めることはまずないという現実を思い起こさせるものである。抑圧は単に制度化された暴力であることから、神は反「撃」するのである。これが怒りだとすれば、それは義しい怒りである。これが復讐だとすれば、それは人類に対する神の創造目的に尽くす復讐である。

出エジプト記に当てはまることは、士師記にも当てはまる。神が怒るあるいは復讐するものとして描かれるとすれば、神の怒りは義しい怒りであり、神の復讐は、生命に関わる抑圧の状況の中で、正義、公正、平和の確立を目指したものである。暴力が手当たり次第で度を超えている士師記の部分では（例えば、一七―二一章）、この文書自体が、そのような暴力が偶像崇拝、不忠実、不正の結果であることを示唆している。従って、この文書は、それらの点において、偶像崇拝や不従順に対する警告として、延いては悔い改めを呼びかけるものとして機能している。上で示したように（二c）、士師記はその最終形態において、漸進的な劣化のパターンを示している。そしてこの文書が偶像崇拝や不従順への非難とその必然的な暴力、暴力的で破壊的な帰結として機能するための主たる方法が、まさしくこのパターンである。漸進的な劣化を示すパターンの主たる指標が、士師記における女性の登場人物の変化する役割である。

三d　女性の役割

士師記には、数多くの女性が登場し、少なくとも二十二人の女性の個人あるいは集団が確認される。アクサ（一・一一―一五）、デボラ（四―五章）、ヤエル（四・一七―二三、五・四―二七）、シセラの母（五・二八）、彼女の「賢い女官たち」（五・二九―三〇）、ギデオンの側女でアビメレクの母（八・三一、九・一―三）、アビメレクを殺した「一人の女」（九・五三）、エフタの母（一一・一）、ギレアドの妻（一一・二―三）、エフタの娘（一一・三四―四〇）、エフタの娘の友達（一一・三七―三八）、「イスラエルの娘たち」（一一・四四）、サムソンの母でマノアの妻（一三・二―二五）、ティムナ出身のサムソンの妻（一四・一―一五・八）、ガザでサムソンが訪れた遊女（一六・一―三）、デリラ（一六・四―二二）、ペリシテ人の女たち（一六・二七）、ミカの母（一七・一―六）、レビ人の側女（一九・一―三〇）、ギブアでレビ人をもてなした主人の「処女の娘」（一九・二四）、ヤベシュ・ギレアドの「四百人の処女」（二一・一二）、「シロの娘たち」（二一・二一）である。

彼女たちの何人かの役割は確かに微々たるものである。しかしながら、女性の登場人物の内の少なくとも十人には会話部分がある。会話はなくとも、「一人の女」は自称王のアビメレクを殺し、レビ人の側女は大きな注目を浴びる。そしてもちろん、デボラは士師の一人である。しかし四―五章で実際の救助を行うのは、別の女のヤエルである。

古代イスラエル社会の家父長的な志向に鑑みれば、士師記において女性が占める主な位置は驚くべきものである。しかしそれは、最初に思うほど驚くべきものではないのかもしれない。例えば、士師記の中で女性が演じる主たる役割は、王国時代以前のイスラエルにおける物語の起源を反映しているようであり、その時代は、後の王国時代のイスラエル以上に平等主義的であった（上記の二bを参照）。いずれにせよ、スーザン・アッカーマンが主張する「士師記における注目すべき女性群と、彼女たちが果たしている役割の多様性」が、フェミニズムの視点からの士師記研究の急増につながった（Ackermann, *Warrior, Dancer, Seductress, Queen: Women in Judges and Biblical Israel*, 6を参照。加えて、Yee, *Judges and Method*; Brenner, *A Feminist Companion to Judges*; Fewell, "Judges," in *The Women's Bible Commentary*〔フューエル『女性たちの聖書注解』内の「士師記」〕に収録されたさまざまな論文を参照）。

これらの研究の多くは後ほど引用するとして、ここで特に注目すべきは、士師記における女性描写が漸進的な劣化のパターンを強調している様を指摘する一つの研究である。エイドリアン・ジャニス・ブレッドシュタインは、士師記における女性たちの主たる役割は、著者が女性であることによって説明される可能性を考える。彼女は次のように結論付ける。

> 士師記は、女性の風刺物語として読むと、人間（ほとんどの場合が男性）の傲慢に対する痛烈な批判である。フルダ「ブレッドシュタインは、彼女が申命記史家ではなかったかと示唆する」は、「神にならんとする彼に気を付けよ」と若い君主ヨシヤを戒めるために、この巻物を企図したと考えられよう。（Bledstein, 54）

士師記の著者が女性である、またはフルダが申命記史家であるというブレッドシュタインの主張は誤りであるとしても、彼女の分析はきわめて有用である。女性たち、特にアクサ（一・一一―一五）、デボラとヤエル（四―五章）は間違いなく、士師記の中でこの上もなく肯定的な役割を演じており、女性たちの運命は士師記が進むにつれて凋落する。エフタの娘は殺され（一一・三四―四〇）、レビ人の側女は犯され、殺され、バラバラにされ

（一九章）、ヤベシュ・ギレアドの「四百人の処女」（二一・一二）と「シロの娘たち」（二一・二一）の誘拐で文書は幕を閉じる。士師記が進むにつれて増大する不正の結果が道徳の混乱と社会的な混沌であり、その主たる指標が女性虐待である。ヨシヤ王の時代、そしてわれわれ自身の時代において、士師記は、奔放な自己主張／偶像崇拝の結果としての不正や虐待を悔い改めるよう呼びかけている――不正や虐待の最も直接的な影響を受けるのは、かつても今も、多くは女性である。

三e　ユーモア

虐待や不正は笑い事ではない。しかしながら、ユーモアは何らかの形でしばしば、周辺に追いやられた人々にとっての数少ない抵抗手段の一つである。例えば、士師記を女性による風刺物語として理解するというブレッドシュタインの提案（上記の三dを参照）は、ユーモアのこの特定の形が、抵抗の手段として士師記の中でどのように機能し得るのかを示している。

他の可能性もある。イスラエルの諸部族がカナン人の都市国家体系のより組織的、強力な力に苦戦を強いられていた前一二〇〇―一〇二〇年の時代に物語の多くが由来すると思われることに鑑みるに、いくつかの物語中にあるユーモアは、抑圧された集団による抵抗行為となったのかもしれない。最初の士師オトニエルと対峙した王の名は、明らかに象徴的であり、おそらくはユーモアをも含意した。すなわち、クシャン・リシュアタイムとは、「二重悪のクシャン」を意味する。二番目の士師エフドの物語（三・一二―三〇）におけるユーモアは、文字通り今日のわれわれが「下ネタ」と呼ぶところのものであり、それは身体機能を包み隠さず話すことで笑いを取る現代のコメディアンにとって、今なお定番である。その元来の目的の一部は、娯楽であったと思われる。しかしユーモアは、明らかにより弱き力による希望に満ちた抵抗をも伝える。

士師記の物語が進んでゆき、漸進的な劣化のスパイラルが展開されるにつれて、問題は次第に内部の事柄となり、それに応じてユーモアの役割も変化する。確かに、フィリス・トリブルが正しく「恐怖のテクスト」と名付けたエフタの娘やレビ人の側女といった物語の中に滑稽さは微塵もない。しかしサムソンの物語は別の様相を呈している。それは悲劇的であると同時にユーモラスである。サムソンの謎かけにも、身体機能のユーモアが含まれている――この場合は嘔吐であり、これまた現代コメディーの定番である。そしてティムナの人々が彼の謎を「解いた」時のサムソンによる彼らへの応答もまた、今日のコメディーの定番――性と性交を描写するための術――を特色としている。これらの例におけるユーモアは、主として娯楽を意図したものと思われるが、サムソンとデリラの物語の中のユーモアは、より深刻な側面を持っている。物語中のデリラの振る舞いは、まさに巧妙というわけではない。読み手も含めて、すべての人は、デリラが行っていることを知っている。サムソンだけが例外で、彼は信じられないほど途方もなく無知である。ここに悲劇とユーモアの両方がある。しかし、もちろん今回の物笑いの種は、イスラエルの士師であるサムソンの方にある。従って、この場合のユーモアは、抵抗の行為ではなく、むしろイスラエルが何も抵抗できないことの示唆である。サムソンによって、劣化は完了する。一七―二一章におけるイスラエルの唯一の敵は自分自身であり、イスラエルはほぼ自己消滅にまで行き着く。これらの章に笑いはない（但し、Stuart Lasine, 43-50 を参照。そこでは、士師記一七―二一章の出来事のあらゆる滑稽さが、不条理なユーモアの形となるよう意図されたものであると主張されている）。

四　士師記の神学

士師記の最初の（また全体を通じて繰り返される）問題が、イスラエルが契約に忠実であるか否かである。イスラエルは神のみを崇拝して仕えようとするだろうか（上記の三を参照）。この問題の背後にあるのは、神のみが主権者であり、それゆえにイスラエルの主たる目的は神のみを尊び、信頼し、従うことであるという深く根本的な神学的主張である。

この問題とその背後にある主張は、旧約聖書と新約聖書の両方において、他にもさまざまな形で述べることができる（述べられている）。例えば、神の民は神の「前で他の神々を持たない」ようにするだろうか（出エジプト記二〇・三）。あるいは、神の民は「主はわれらの神、主は一つ」であることを知ろうとし、「心を尽くし、魂を尽くし、力を尽くしてあなたの神、主を愛せよ」（申命記六・四―五）という命令に従おうとするだろうか。これらの中でも、「聞け（シェマ）、イスラエルよ」で知られる後者のテクストは、「律法の中で、どの掟が最も重要であるか」と尋ねられたときのイエスが引用しており（マタイ二二・三六）、イエスによる神の国の布告が、士師記の核心にあるのと同じ根本的な神学的主張――神のみが主権者である――を表していることに気付かされる。

ギデオンは特に神の唯一の主権を主張しているが（行為よりもむしろ言葉によって、士師記八・二二―二三を参照。また八・四―三五についての注解も参照）、士師記は概して、神のみを崇拝して仕えることについての民の失敗の予行演習である。士師たち自身に関しても、ギデオンを皮切りに、彼らの指導権は次第に疑わしいものとなり、効力を失っていく。そして士師記は完全なる混沌で幕を下ろす（上記の二cを参照。また一七―二一章についての注解を参照）。そうであっても、士師記の最後に至るまで、神は繰り返し不忠実な民を救っており、それらは一連の新しい出エジプトが展開されているのに相当する。そしてこれに続く正典上の物語の中で、神はそのようにし続けようとしているのである。

士師記に統一性をもたらしている円環的なパターンは、神学的に大きな重要性を持っており、例えば、イスラエルの神が行使する主権がどのような類のものかを示している（二・六―三・六についての注解を参照）。イスラエルの神の主権ないし力は、全き力ないし強制で構成されてはいない。もしそうであったならば、神はより首尾よくイスラエルを鍛えて望み通りに仕上げていたか、あるいは神は単純にイスラエルを絶え間なく処罰していたであろう。しかしそうではなく、イスラエルの神は士師記や聖書全体を通じて、根っからの不忠実な民に対して単純に不忠実となることができないし、そうなることを望まない（士師記二・一八、一〇・一六を参照）。要するに、神の主権は、不変の愛という形態を採る。イスラエルの神は本質的に、憐れみ深く恵みに富んでいるのである（出エジプト記三四・六―七を参照）。

しかし士師記が示しているように、神の恵みは安くない。神は民の不従順の矢面に立つ（一〇・六―一六についての注解を参照）。そしてイスラエルは繰り返し、偶像崇拝や不従順の虚弱化させ、破壊的で、死に至る結末を経験する。この意味で、罪は決して帳消しにはならない（出エジプト記三四・七を参照）。しかしながら、罪とは捨て去られることでも非難されることでも決してない。士師記で繰り返される救助のサイクルは、赦しや生命の授与を本質的な意志とする神を描き出している（Howard, 118-20 や Wilcock, 13-16 を参照）。偶像崇拝や不従順の悲惨な結末をすべて文書化することで、士師記はその預言者的な性質を十全に示している。

士師記は、前の預言者の一部として、あらゆる時代の神の民に不忠実がもたらす衰弱や死という結末を警告することで、他の預言者の書に与している。従って、それは少なくとも暗示的に悔い改めの呼びかけとなっている。契約への忠誠や従順へのあらゆる預言者的な呼びかけと同じく、士師記における悔い改めへの招きは、イスラエルの神が不忠実な民に対して愛情に満ちて忠実であるとの確信に基づいている。そこにイスラエルの希望があり、そこに世界の希望がある。そのような恵みは確かに無償であるが、士師記が明らかにしているように、それは安くない。それはイスラエルに求め、われわれに、われわれの魂に、われわれの生命に、われわれのすべてに求めている――要するに、それはわれわれが神のみを崇拝して仕えることを求めている。

偶像崇拝や死に至る騒乱に満ちた世界の中で、神の創造目的が空前の規模で脅威にさらされていると思われる闘の時代に、過度な個人主義や自己主張が奨励、称揚される社会環境の中にあって、士師記の最初に置かれ、全体に広がっている永久の神学的な問いは、特に差し迫ったものかもしれない。すなわち、われわれは神のみを崇拝して仕えようとしているのだろうか。

第一部　ヨシュアから士師たちへ

士師記一・一—三・六

最初の士師オトニエルの物語は、三・七まで始まらない。従って、一・一—三・六は通常、士師記へのプロローグと考えられており、ある種の二重の導入を提示している（一・一—二・五と二・六—三・六）。いずれの導入もヨシュアについての言及で始まっている。しかし時系列的に言えば、これらは順序が狂っているように見える。ヨシュアの死は、一・一で語られる。その一方で二・六は「ヨシュアが民を送り出したので……」と始まる。これら二つの導入は、異なる編集者に由来するかもしれないが、いずれもヨシュア記に依存していると思われる。二つの導入は、視点は異なるが、並行する相補的なものとして読むことができるかもしれない。士師記一・一—二・五は、イスラエルの視点からこの文書を導入する。そして二・六—三・六は神の視点からこの文書を導入する（Klein, 13）。あるいは、わずかに言葉を変えれば、一・一―二・五は軍事的な失敗について扱い、二・六―三・六は宗教的な失敗について扱う（Younger, 222-23を参照）。しかし士師記の視点からは、この二つの分野――軍事と宗教――は、最終的には不可分である。従って、二つの導入はまとめて一つのプロローグとして読まれるべきものである。いずれも、士師記全体を特徴付けている漸進的な劣化に注意を払うよう読者に警告を行うことに寄与している。

一・一―二・五　戦闘と打破　残存するカナン人

学者たちは長い間、士師記一・一―二・五は、ヨシュア記に見られるのとは異なる土地取得についての視点を提示していると結論付けてきた。士師記では一貫して、イスラエルがカナン人を追い払えなかったと率直に認められている（一・二九。なお一・一九、二一、二七、二八、三〇、三一、三三、二・三も参照）。この意味で、学者たちは、士師記一・一―二・五の記述の方が、ヨシュア記よりも歴史的に正確であると指摘してきた。これによって、イスラエルのカナン定住の複雑さがより明確になるからである。しかしそれは、この士師記の章句が現代の歴史記述的な報告の類であることを意味するものとして捉えられるべきではない。ヨシュア記（や士師記二・六―三・六の第二の導入）と同じく、士師記一・一―二・五は高度に様式化されている。事実、ヨシュア記自体が既に、イスラエルの諸部族が実際にはその土地の住民すべてを追い払わなかったことを認めている。そして士師記一・一―二・五の報告はまさに、ヨシュア記の並行記事なのである（特にヨシュア記一五―一九章の内容。士師記一・一一―一五をヨシュア記一五・一六―一九と、士師記一・二一をヨシュア記一五・六三と、士師記一・二七―二八をヨシュア記一七・一二―一三と、士師記一・二九をヨシュア記一六・一〇と比較されたい）。

ヨシュア記一―一二章と士師記一・一―二・五の相違（そして事実、ヨシュア記自体の中にある異なる視点）は、歴史家たちにとって重要であるかもしれないが、ヨシュア記や士師記を神学的に解釈しようと試みる者たちにとっても重要である。組み込まれた矛盾と不一致は、読者が物語を文字通り解釈しないように促すものである。むしろ、テクスト自体の形式は、歴史性の問題から注意を逸らし、神学的な解釈へと促す。

それでは、一・一―二・五の素材は、どのように様式化されているのだろうか。そしてそれによって、どのような神学的な方向性が示されているのだろうか。この章句は、ヘブライ語語根 *ʿālâ*「上る」が一・一、二、二二、二・一で繰り返し現れることでまとまっている。この語根の最初の用例は、一・一―二・五に関わる主要な問題を導入する。*ʿālâ* の第二の用例は、一・一で提示される問いに答え始める段落（一・二―二一）を導入する。ユダが最初に上って行き、大半の素材がユダに割り当てられている。ユダは、大方は成功するが、完全にではない（一・一九、二一を参照）。*ʿālâ* の第三の用例は、ヨセフの家について扱う段落（一・二二―二六）を導入する。二二―二六節では、最初にいくつかの成功が見られるが、第一章の残り部分は、特定の諸部族が「カナン人」ないし特定の町の住民たちを「追い払わなかった」（一・二七、二八、二九、三〇、三一、三二、三三）という繰り返しの観察によって占められている。この増大する失敗は、*ʿālâ* の第四の用例によって導入される段落の主題になっている。北の諸部族は――カナン人を服従させて「強制労働」に服させるほどに強かったが（一・二八、三〇、三三、三五を参照）――、カナン人を追い払わなかった、あるいは申命記二〇・一六―一八に従って彼らを滅ぼさなかった（士師記一・八、一七を参照）。それゆえに主も「彼らを追い払おうとしない」（二・三）。要するに、イスラエルの民が神に従うのに失敗したことには否定的な結果が伴うのである。

問題が、単にカナン人と戦い（一・一、三、五、八、九の語根 *lhm* を参照）、これを打破すること（一・四、五、一〇、一二、一七の語根 *nkh*、NRSVでは defeat〔新共同訳「破る」〕を参照）ではなく、最終的には契約忠誠に由来する従順であることは、一・一―二・五におけるユダの明らかな優先や、エルサレムに向けられた注目（一・七、八、二一）によって示唆されている。確かに、ユダとエルサレムへの注目は、ダビデ王朝の歴史的な優勢や、北王国よりも南王国の方が長く続いたことを反映しているのかもしれない。しかし王朝には、まさに神の意志の確立が委ねられていた。そしてより広い正典の預言者が認めているように、王朝が神の意志の遂行に失敗した時に、王朝とエルサレムは破壊されたのである（序論の三を参照）。しかしこれもまた正典の預言者が確言しているように、エルサレムは、神がすべての国々に正義を打ち立てる現場となる（イザヤ書二・一―四）。ユダとエルサレムへの焦点は、正典の預言者のより広い文脈に注目するよう促す。例えば、アドニ・ベゼクの辱めはエルサレムで起こる（一・七）。ユダ王朝の後の辱めもまたエルサレムで起こり、結局のところ神は依怙贔屓しないことが示唆されている。神が望むのは正義と公正であり、その体現に失敗すれば、どんな民でも破滅に至るのである。

この視点はまた、一・一―二・五のカナン人が、単に神が憎む敵として理解されてはならないことを意味する。彼らはむしろ、不当な抑圧の体制を象徴するものとして理解されるべきである（序論の三bを参照）。この視点から見ると、一章のカナン人を「強制労働に服させる」という行為は、正しいものではない。これはむしろ、イスラエルが抑圧の体制を破壊するのではなく、それに協調したことを表している。これは従って、成功ではなく失敗のしるしである。カナン人によって表されているもの――抑圧的な死をもたらす体制――は、拭い去られねばならない。要するに、イスラエルは、ヨシュア記の終わりで、神に忠実に仕えると何度も約束しているにもかかわらず（ヨシュア記二四・一八、二一、二四を参照）、神に従っていないのである。

従って、ユダを優先させる一章の様式化もまた、イスラエルの民の側による漸進的な失敗を伝えている。ユダの最初の成功さえも失敗につながり（一・一九―二一）、ヨセフ家の短い最初の成功よりも、一連の失敗の方が大幅に上回っている。漸進的な失敗というこのパターンは、士師記に相応しい導入である。なぜならこれは、二つの形で本文書の後の部分を予見しているからである。第一に、一章はユダ／シメオン、ベニヤミン、ヨセフ、マナセ、エフライム、ゼブルン、アシェル、ナフタリ、ダンという順序で、地理的に南から北へと移動している。三・七―一一に始まる士師の系列は、地理的にそれと同一ではないが、同じく南から北へと動いている。オトニエル（ユダ。一・一一―一五を参照）、エフド（ベニヤミン）、デボラ（エフライム）、ギデオン（マナセ）、トラ（イサカル）、ヤイル（ギレアド）、エフタ（ギレアド）、イブツァン（ユダ）、エロン（ゼブルン）、アブドン（エフライム）、サムソン（ダン。最終的には北に位置した）。第二に、より重要なこととして、一章の増大する失敗の証拠は、本文書の後の部分で起こる漸進的な劣化を見据えている（序論の二cを参照）。オトニエルとデボラは割合と成功を収めるが、その後の士師たちについては、問題が増す一方である。そして士師記は一七―二一章における完全な混沌で終わる。

士師記の終わりが、明らかに一章を想起させるのは驚くに値しない。この文書は、始まりと同じく、戦闘と打破で終わる。しかし終わりでは（二〇―二一章）、イスラエルの民が互いに戦う。二〇・一八の問いと答えは、特に一・一―二を想起させる。「ユダが最初に上って行け」（二〇・一八）。しかしユダが戦うのは、ベニヤミンとである。おそらくこれが驚くに値しないのは、「そのころ、イスラエルには王がなく、それぞれ自分の目に正しいことを行っていた」からである（二一・二五。なお一七・六、一八・一、一九・一を参照）。しかし士師記一章が明らかにするように、「道徳的ないし精神的な衰退は、士師記の冒頭から明白である」（Younger, 217）。更に、問題は文書全体を通じて同じである。一七―二一章に繰り返される定式は、イスラエルの自己中心と自己主張を問題として明確に定めている。しかしクラインが指摘するように、これと同じ問題が、一・一―二・五の核心にある。ユダは最初に上って行くが、即座にシメオンを引き入れる。そして章が進むにつれて、他の諸部族は、強い立場にあるにもかかわらず、カナン人を追い払うことができない。クラインは次のように結論付けている。

> 従って、イスラエルは最初から自己決定を行使し、人間の認識への無意識の信頼を証している。これらの節［一・一―三］は、本書の皮肉な構造を導入しているものと見なすことができるかもしれない――それはヤハウェとイスラエルの間の認識の潜在的な相違や、人間の認識に従うというイスラエルの主張である。
> （Klein, 23）

要するに、士師記は徹頭徹尾、自己主張や偶像崇拝に関わるものであり、神の主権の主張を承認し応答することの拒否である。一・一―二・五や士師記全体を特徴付けている漸進的な劣化は、イスラエルが神のみを崇拝し仕えることに失敗した破滅的な結末と関連している。この意味で士師記は、すべての預言書と同じく、契約忠誠を呼びかけるものである――自己主張から離れて、神のみを崇拝し、仕え、従うよう呼びかけている。

士師記二・一―五は、一章で暗示されていた不従順な自己主張を名指しして、明示的に描き出している。イスラエルの民は神の「命令に従わなかった」（二・二）。この使信が「主の御使い」によってもたらされたという事実（二・一、四）と、その使信の内容は、出エジプト記二三・二〇―三三を想起させる。そこではイスラエルが、カナン人と契約を結ばぬように言われ（出エジプト記二三・三二）、カナン人とその神々の存在が、「あなたにとって罠」になると警告されている（出エジプト記二三・三三。なお士師記二・三参照）。序論で述べたように、カナン人の体制は抑圧の象徴で、生得的に偶像崇拝を招来するものであり、それがこの地に残されていることは、神の意志が危うくされていることを意味する。イスラエルの神は、他の神々の存在を前にして、正しく崇拝されておらず、神の目的は実現されそうにない。士師記の残り部分は、このことを例証する。それは、「あなたたちと交わしたわたしの契約を決して破棄しない」神を明らかにするが（二・一）、この神の意志は、民の不従順によって頻りに阻まれ得るし、そうなっている。士師記一章は既に、イスラエルの民に対して、「あなたたちが何をしたのか」を示している（二・二）。そしてそれは、彼らが士師記を通じて行い続けることである――すなわち、彼らの止むことのない不従順と自己主張によって、神の意志が阻まれるのである。神は契約を守るのに（二・一）、民は明らかにそうしないのである。

本項ならびに序論（三aと三b）で述べたように、カナン人と彼らの体制の抹消は、象徴的に理解することが重要である。彼らとその体制の破壊に身を捧げること（一・一七を参照）が意味するのは、神がイスラエルの民ではない者を憎むということではなく、むしろ神は偶像崇拝や抑圧に反対するということである。カナン人の体制が表しているのは、死をもたらす力であり、この土地におけるそのような力の存在は、死をもたらすファラオの政策がエジプトの地にあったのと同じく、耐え難いことであった。カナン人の体制に反対することは、その本質において、神が意図するままに生命を選ぶことである。しかし一章において民が行わなかったのがまさにこの選択であり、それは士師記を通じて行われない。それゆえに、二・一—五の出来事はいみじくも、ボキム「泣く（者）」（二・五）と呼ばれる場所で展開されている。

結局のところ、一・一—二・五は「泣く」という名前によっても士師記の残り部分を予見している。一・一と同じく、二・一と二・五は二〇章に共鳴する。すなわち、民は士師記の最後でもなお泣いているのである。それどころか、二〇章で物語られる出来事は、二・一—五で予見されている未来よりも更に悲惨である。カナン人とその神々がイスラエルの民にとって「罠」となるだけでなく、イスラエルの民が自分たち自身にとって「罠」となるのである。二〇・二三、二六に、泣きがある。イスラエルの民が彼ら自身の親族によって殺されるからである。そして二一・二に、泣きがある。民は、自分たちの血みどろの内戦によって、ベニヤミン族が事実上、滅ぼし尽くされたことに気付いたからである。マーティン・テートが指摘するように、「士師記は泣きの書と呼ぶことができるかもしれない」（Tate, 34）。結局のところ、民が泣くのは、彼らと彼らの指導者たち——士師あるいは「正義をもたらす者」（序論の二aを参照）——が、神のみに仕え、従うことに無残にも失敗したという現実に対してである。その結果は悲惨である。このように、士師記の初めと終わりにおける民の泣きは、士師記全体を特徴付ける漸進的な劣化を別の形で伝えているのである。

一・一—二・五で展開されているもう一つの物語が、一・一—一五であり、これもまた漸進的な劣化を含めた来るべきことについて、いくつものヒントを与えている。一見すると、この物語は士師記全体に関わる事柄——異国の抑圧者に反対するイスラエル——を扱っているように見える。詳細に見ると、事態はかなり複雑になる。第一に、一・一一―一五（とヨシュア記一五・一六―一九のほぼ同一の物語）では明らかにカレブがユダ族と関連付けられている一方で（民数記一三・六も参照）、一・一三は、カレブとオトニエルがケニ人であったことを意味していると解釈することができる。ケニ人は、他ではエドムの子孫として描かれ（創世記三六・一一、一五、四二）、イスラエルが土地を取得した際に押し退けられる民の内の一つである（創世記一五・一九）。ダナ・フューエルが述べているように、「ここで問題となるのは、カレブ、アクサ、オトニエルはイスラエル人であろうか、あるいは異国人であろうか」（Fewell, "Deconstructive Criticism," 139）。

この問いに答えるのは容易ではない。しかしこの問いを取り巻くまさにその不確実性こそが教示的である。この不確実性は、イスラエルを構成していたのは誰か、イスラエルがどのようにしてカナンの地を取得したのかという歴史的な複雑性という面から説明が試みられるかもしれない。そこにはおそらく、イスラエルの民が外からカナンへと入る際、カナン内で疎外され、不満を抱いていた民が、抑圧的なカナン都市国家体制に反対するために、これに加わった過程が含まれよう（この複雑性を示唆している出エジプト記一二・三八、四九を参照）。しかしながら、歴史の再構成よりも多くのことが関連している。士師記自体で見れば、この不確実性は正典上の立場から先に到達した結論を補強する――すなわち士師記は、単に神が他の民を犠牲にしてイスラエルの民を依怙贔屓することを意味するものとしては正しく解釈できないということである。あるいはまた、士師記におけるカナン人は、単なる異国人の集団としてでなく、神が反対する偶像崇拝的、抑圧的な体制を象徴するものとして理解されなければならない。

士師記の残り部分を予見する一・一一―一五の別の側面が、女性の登場人物であるアクサの傑出である。一方で、戦いで最も活躍した男にアクサを差し出すというカレブの提案は、まさしく家父長的であるように見える。

しかしそうであっても、アクサは自分自身の心と意志を持っていることを証している。彼女は、その名前が示唆しているような単なる小さな装身具ではない（「アクサ」は装飾的な足首飾りないし腕輪を意味すると思われる）。むしろ彼女は「祝福」を求め（一・一五、ＮＲＳＶは present〔新共同訳「お祝い」〕）、それを手に入れるのである（Matthews, "Female Voices," 9 を参照）。

このような我の強さは、王国時代以前のイスラエルに存在したより平等な社会の状況を反映しているのかもしれないが（序論の二ｂと三ｄを参照）、アクサの傑出はまた、士師記を通じて女性が演じる主たる役割を明らかに予見している。アクサと同じく、さまざまな女性が公の場で積極的で我の強い存在として描き出される。特にデボラとヤエルがそうである（四―五章）。しかし士師記が進むにつれて、女性の描写は、大幅に変化する。彼女たちは、アクサ、デボラ、ヤエルのような指導者ではなく、むしろ虐待の犠牲者となる。これに関して、アクサがロバに乗っていた（ＮＲＳＶが dismounted〔新共同訳「降りた」〕と訳しているヘブライ語の動詞は別理解を促す）のは単なる偶然ではないかもしれない。次に女性がロバに乗っているのは、士師記一九・二八においてである。そしてレビ人の側女であるこの女性は、残酷な虐待を受け、強姦され、殺された死体である。従って一・一一―一五は、アクサとレビ人の側女の間の対照によって、一・一―二・五が士師記を特徴付ける漸進的な劣化を、また別の形で予見している。

教師や説教者は、明らかに戦闘と打破に満ちたテクストである士師記一・一―二・五をどう扱えばよいのだろうか。最初のステップは、読み手や聞き手が聖書の特質を考えるための明確な招きとしてテクスト自体を利用することかもしれない。これは、士師記に費やされる連続講義の導入回に特に適していよう。教会内の多くの人が学ぶ必要があり、学ぶ価値を認めているのは、聖書自体は、読者がこれを文字通りに解釈しないよう促しているということである。この場合は、士師記一・一―二・五とヨシュア記一―一二章（ならびにヨシュア記や士師記自体の中で相違する視点）の間の明らかな矛盾が事実上、素材を神学的に説明するよう求めている。Ａ・キャサリン・グリープが指摘しているように、聖書にはそれ自体の中に、独自の疑いの解釈学が含まれている。「聖書テクストは全体を通じて、聖書自体が聖書への疑いの解釈学を教えていることは明らかであり、それは聖書に忠実な読みの反対ではなく、むしろ忠実な読みの本質的な要素である」（Grieb, "Feminist or Faithful"）。換言すれば、忠実な解釈者の任務は、聖書を文字通りにではなく、真剣に受け止めることにある。

士師記一・一―二・五を文字通りにではなく、真剣に受け止めることが意味するのは、すべての戦闘と打破によって果たされている神学的な機能を見分け、カナン人が象徴するものを注意深く考察することである。士師記におけるカナン人は、抑圧的で不正な体制の象徴であることから（序論の三bを参照）、カナン人への反対が意味するのは、神や神の道への率直さ――要するに、契約忠誠である。クラインが示唆するように、士師記一・一―二・五の真の問題は、イスラエルの民が神の意志に付き従うことに失敗し、自分自身を主張するという選択を行ったことである。人間の自己主張が真の問題であるとすれば、士師記一・一―二・五ほど現代と関連性のあるものはない。小説家のウォーカー・パーシーは、二十世紀を「自己の世紀」と呼んだ（Percy, 12）。幕を開けた二十一世紀にも違いは見られない。事実、創世記三章以降――士師記一・一―二・五や士師記全体を含む――、聖書は、人類が神への従順ではなく、自分自身を主張するという選択を行う物語である。従って、われわれが今日直面していることは、新しくはないが、人間の自己やその能力に焦点がより絞られた場面では特に問題かもしれない。

創世記が三章から四章へと移る中で示唆しているように、人間の自己主張が至る結末は暴力である。士師記一・一―二・五の様式化された構造と展開、ならびに本章句と士師記の終わり部分との関連は、この文書全体を特徴付けている漸進的な劣化を示唆している。要するに、士師記は、人間の自己主張――イスラエルの偶像崇拝と不従順という形での――が、混沌と暴力を生み出すということを徐々に明らかにしている。他のすべての預言書と同じく、士師記は最終的には、契約忠誠への招きであり、それは自己主張を悔い改め、神の道に服し、神が全世界に望むものの具体化に起因する平和を経験することを意味する。この視点から見れば、一・一―二・五の戦闘と打破は最終的には、古代の人間や地域の野蛮な状況についての使信としてではなく、われわれ自身の恐ろしく暴力的な北アメリカ〔そして日本〕社会についての使信として理解することができる。士師記は暴力的な文書であるかもしれない。しかしその最終的な目的は、神やその意志に付き従うことの失敗がもたらす破壊的な結果――暴力を含む――を伝えることにある。士師記は、暴力を最前面に押し出すことによって、われわれ自身の暴力的な生活や時代を映し出す鏡となり得るのかもしれない。そうであれば士師記は、われわれの間で暴力の結果として続いている偶像崇拝や不正に反対する声を教会が見つけ出す助けとなるかもしれないのである。

二・一―五が明らかにしているように、一章で伝えられている自己主張は、最終的には偶像崇拝の問題である。神への崇拝がなければ、われわれはいずれにせよ、自己や自己自身の「創造物」を崇拝することになる。この真理は、士師記のプロローグを構成している導入の二つ目である二・六―三・六において、より明確になる。

二・六―三・六
神に仕えるか、バアルに仕えるか

一・一―二・五に似て、士師記の第二の導入はヨシュアについての言及から始まる。しかし二・六では、ヨシュアが再び生きていることになっている（一・一を参照）。また第一の導入と同じく、二・六―三・六は、部分的にヨシュア記に基づいている。事実、二・六はヨシュア記二四・二八を、二・七はヨシュア記二四・三一を、二・八―九はヨシュア記二四・二九―三〇を想起させる。換言すれば、士師記二・六―九は、一・一―二・五が中断であったかのごとく、ヨシュア記の締め括りの章からの物語の流れを取り入れている。そうであったとしても、上で述べたように、士師記の最終形態において、一・一―二・五と二・六―三・六は並行し、補完し合うものと考えることは有益である。特に、二・六―三・六は、一・一―二・五のイスラエルの民の自己主張が、最終的には偶像崇拝という事態であり、その影響がますます問題になることを明らかに示している。

二・六―三・六における問題は、ヨシュア記二四章と同じく、イスラエルがどの神に仕えるかである――新しい土地の神々か、主か（ヨシュア記二四・一四―二七参照）。この問題が中心にあることは、ヘブライ語の動詞*'ābad*「仕える（serve）」（NRSVはworship）が二・七と三・六に見られることで示されており、それによって第二の導入に枠構造がもたらされている。またこの動詞は、二・一一、一三、一九に繰り返される。二・七での み、民の崇拝の対象が主になっている。その他の用例ではいずれも、民はバアル、アシュトレト、また／あるいは土地の神々を崇拝する／仕える。従って、動詞 *ʿābad* の用例のパターンは、一・一—二・五で既に示唆され、士師記全体を特徴付けている状況の漸進的な劣化を明らかにしている（序論の二cを参照）。

二・六—三・六を一・一—二・五から区別しているのが、三—一六章で繰り返されるパターンの導入である。それは二・一一に始まる。そしてイスラエルの民の「悪」が、崇拝ないし奉仕の対象——バアル——によって規定されているのは驚くに値しない。ヘブライ語の *baʿal* は、「主、主人」を意味する。従って問題は、イスラエルの民が他のすべての上に神を置くのに失敗したことであり、これは十戒（出エジプト記二〇・一—三を参照）やシナイ契約（出エジプト記二四・一—一一を参照）の違反、ヨシュア記二四・一四—二七で再び結ばれた契約の違反である（ヨシュア記二四・一四、一五、一六、二〇、二一、二四における動詞 *ʿābad* の繰り返しや、ヨシュア記二四・二五における士師記二・二〇を先取りした契約についての明確な言及を参照）。パターンの最初の要素についての描写——イスラエルの「悪」——は、二・一三で締め括られる。そしてまたも動詞 *ʿābad* が繰り返されて、イスラエルが「バアルやアシュトレト［バアルの配偶女神］を崇拝した」と言われる。従って、*ʿābad* の繰り返しによって、二・一一—一三に枠構造がもたらされている。より大きな単位である二・六—三・六に枠構造がもたらされているのと同じである。またしても問題は、イスラエルの民が誰に仕える／崇拝するかである。

パターンの第二の要素は二・一四—一五に見られる。そこには神の「怒り」が含まれ、これによって神は、民を彼らの「敵」に渡すよう動機付けられる。このパターンの第二の要素は、単に神が悪しきイスラエルの民を罰することを確言しているように聞こえる。そして士師記が正義をもたらすことに関わるとすれば、神の正義は、報復的ないし配分的であるように見える——神は善き民に褒美を与え、悪しき民を処罰するというのである。しかし詳細に見ると、道徳的な方程式が、それほど単純ではないことが明らかとなる。例えば、イスラエルの民が行った「悪」（一一節）と神がもたらす「災い」（一五節）を表すのは同じヘブライ語の単語である。このことは、能動的な意味での神の処罰のように見えるものが、実際に民にとっては自分自身の利己的な選択による破壊的な結末の経験であったという興味深い可能性を示唆している（サムエル記上八・一一―一八を参照。そこで問題とされるのは正義であり、一八節によれば、民は最終的に、「あなたたちが自分で選んだ」王によって引き起こされる破壊的な結末を経験することになるとの強調が加えられている）。要するに、神は、処罰するよう行為しないではおかない復讐の神としてではなく、むしろ契約相手の誠実と自由を貴ぶ愛の神として描かれている（二・二〇を参照）。たとえその相手が、不正や「苦境」（士師記二・一五）といった破壊的な結末をもたらす偶像崇拝的な選択をしてもである。

　この結論は、二・一六で導入されるパターンの第三の要素によって補強される。その状況における神の行為には、「士師」、ないしは序論で示唆したように「正義をもたらす者」を起こすことが含まれる。士師が遂行するのは処罰ではなく、むしろ救済であり（二・一六、一八）、これを表すヘブライ語は、「救い」ないし「救助」と訳すことができるし、しばしばそう訳されている。ここに含まれている原動力は、特にそれが明らかに神学的な術語で表現されているとき、注意深く見る必要がある。神の契約相手で、「主を捨て」（二・一二、一三）、「バアルを崇拝した［ないし「仕えた」］」者たちが（二・一一。なお二・一三を参照）、それでも救助されるのである。これを神学的な術語で何と呼ぶかといえば、恵みによる救済である。従って、機械的な応報の図式がここではたらいていると単純に結論付けることはできない。このパターンが、普通（おそらく正しく）想定されるように、申命記史家によるものであるとすれば、申命記史家の定式自体がまさに一貫した応報の教理を打ち消しているのに気付くことが重要である。物事を正しくしようとする神の試みは最終的に、配分的または報復的な正義ではなく、むしろ神の恵みによってのみ達成される正義の形を採るのである（序論の二cと四を参照）。
パターンの第四の要素――士師の死と民の偶像崇拝や不従順への再堕落（二・一九）――は再び、士師記において神が最終的には恵みという手段によって正義を追求することを強調する。士師記の主要部分が示すように、このパターンは何度も繰り返される。確かに民は彼らの自己主張、偶像崇拝、不従順の否定的な結末を経験する。しかし神は彼らを救助するよう繰り返し行為する。この視点から見れば、神は恵みに富んでいるのである。
序論で述べたように（二c）、繰り返しのパターンは、毎回正確には繰り返されない。変化や、各々の士師に関する素材は、状況の漸進的な劣化を明らかにする。本文書におけるこの側面は、二・一九でも、「その士師が死ぬと、彼ら［民］はまた先祖よりいっそう堕落して、他の神々に従った」という観察によって予見されている。従って、一・一―二・五と同じく、二・六―三・六の二つ目の導入は、この文書全体を特徴付けている漸進的な劣化を示している。
二・一一―一九で描かれているパターンは、三・七―一六・三一を組織する構造原理になっていることから、また二・六―三・六は明らかに神に対する民の振る舞いに焦点を合わせていることから、二・一一―一九が持つ神学的な重要性はきわめて大きい。従って、これらの節の中で神がどのように描かれているのか、これらの節が士師記を通じた神の描写をどのように予見しているのか、士師記の神の描写が聖書正典全体を通じた神の特徴とどれほど合致するのかを考えることが重要である。例えば、二・一八―一九に見られる語彙は、正典内のより前に置かれた、二つの鍵となる挿話である創世記一―九章と出エジプト記三二―三四章の言葉遣いと共鳴しているのである。例えば、ＮＲＳＶがbehave worse〔新共同訳「いっそう堕落した」〕と訳している動詞〔*ḥwh* エシュタフェル形あるいは *šḥt* ヒトパレル形〕は（一九節）、創世記六・一一を想起させ、そこではこの語は

corrupt(ed)〔新共同訳「堕落し」〕と訳され、神は「この地が堕落し、すべて肉なる者はこの地で堕落の道を歩んでいた」のを見るのである。stubborn〔新共同訳「かたくなな」〕（一九節）と訳されている形容詞〔*qāšā*〕は、前に出エジプト記三二・九、三三・三、五、三四・九に見られる。そこでは本箇所と同じく、この語によってイスラエルの民の偶像崇拝的な振る舞いが描き出され、stiff(-necked)〔新共同訳「かたくなな」〕と訳されている。創世記六章と出エジプト記三二―三四章のいずれでも、神は人間の不忠実によって悲しみ、怒り、関与した民をぬぐい去る、また／あるいは捨て去ると脅すが、神は最終的には単に処罰を加えることに耐えられない――要するに、神は最終的には恵みに富み、慈悲深く、忠実に愛するものであることを示すのである（創世記八・二一を参照。特に創世記六・五、出エジプト記三四・六―一〇と比較して）。

これと同じ類の神は、士師記二・一一―一九で輪郭が示されている繰り返しのパターンで明らかである。士師記二・一八にあるように、「うめく彼らを、主は憐れに思ったからである」。ここで用いられている動詞*nāḥam*（ＮＲＳＶは moved to pity〔新共同訳「哀れに思われた」〕）が、上記の鍵となる挿話の両方に現れるのは偶然ではない。創世記六・五、七では、これは「悔やむ」を意味する。しかし創世記六・五―七は、創世記八・二一の光の下で理解されねばならない。また、*nāḥam* が出エジプト記三二・一二、一四に再び見られるとき、この動詞の意味は明らかに異なる。すなわちこれは、「あなた／彼が思い直す」を意味している。神が、神の思いを変えるのである。神が宣告した報復的な結末は実行されないのである。このことの唯一の「説明」としては、不忠実でないといられない民に対して、神は慈悲深くないといられないのである。これは事実、聖書正典を通じた神の描写であり、これには、従順を要求しつつも赦しを約束する預言文書や、神のジレンマの「解決」が、矯正不可能な罪深い人類に対する神の恵みの究極的な行為としての十字架という形をとる新約聖書が含まれる。

しかし神の恵みは安くない。神は「罰すべき者を罰せずにはおかない」という出エジプト記三四・七の注記で既に示唆されているように、民はいずれの場合も自分たちの不従順の破壊的な結末を経験するのである。民は自分たち自身の選択によって、有害な不正と、最終的には捕囚という悲劇を経験する。しかしいずれの場合も、民の不忠実の代価は、民の変わらない不忠実を目撃してこれに傷付く神によって担われる。しかし士師記二・一八と同じく（士師記一〇・一六も参照）、神はまた、神の痛ましい契約相手を「憐れに思う」。従って、士師記における繰り返しのパターンは、聖書正典の初めからの神描写とも一致し（創世記一―九章と出エジプト記三二―三四章）、変わらず不忠実な民に神の絶え間ない恵みがもたらされる聖書物語の残り部分――事実、最終的には十字架に至るまで――を予見してもいる（序論の四を参照）。

二・一一―一九のパターンに関して、民がカナン人の体制と手を組んで選んだ不正の破壊的な結末には、この体制が必然的に生み出す抑圧と迫害が含まれる（一八節を参照）。本質的に、忠実になれない民自身の失敗が意味するものは、二・二一で示唆されているように、神がカナン人をその土地から追い払うことを望まない――実際にできない――ということである（Webb, 121-22, 208 を参照。彼は本文書の目的が、土地の獲得という先祖への約束が果たされなかった理由を説明することにあったと主張する）。士師記の第二の導入はこの点で、士師記の第一の導入である一・一―二・五の結論と響き合う（二・一―五、特に三節を参照）。しかし続く二・二二―三・六は、この視点に別のひねりを加える。すなわち、カナン人が土地に存在し続けることについての二つの付加的な「説明」が示されている。いずれにも、試みの概念が含まれている。第一に、神への従順の観点から、諸国民は「イスラエルを試みるため」に留まる（二・二二。なお三・四を参照）。第二に、諸国民が存在し続けるのは、「カナン人とのいかなる戦いも知らないイスラエルとそのすべての者を試みる」ためである（三・一）。

これらの説明は緊張をはらんでいる。もちろん、本文書のさまざまな編集段階に説明を帰すことはできる。例えば、士師記二・二一と三・四は、申命記一三・一―五を想起させる。そこでは、試みは神への排他的な忠誠と関わる（申命記八・二、一六も参照）。そうであるとしても、二・二二―三・六の最終形態は、競合する説明を横並びにして保持しており、ウェッセルスが主張するに、「イスラエルの民に戦いを教えるために、カナン人を彼らの『スパーリングパートナー』として」描く中に含まれているユーモアを、解釈者は見逃してはならない（Wessels, 191。序論の三eを参照）。

この主張はよく採用される。しかしそこにユーモアが含まれているとしても、士師記全体の文脈の中で見たとき、それは皮肉なユーモアとなる。イスラエルの民は確かに戦いを学ぶ。しかしながら最後には、彼らは自分たちが学んだことを、互いが戦うために用いるのである（一九、二一章）。より大きな正典上の文脈を顧慮すると、戦いを学ぶことが本質的に王の機能であることが明らかとなる。例えば、詩編一八・三五では、戦いのために訓練を施されるのは王である。そして正義と公正のために神の意志を実行することを明白に託されているのは王たちである（詩編七二・一―七を参照）。前の預言者を含むより大きな正典上の文脈は、王たちが彼らの使命を果たすことに失敗した様を指摘する。そして後の預言者はこの失敗を明らかに認識しつつ、正義を追求する策として戦いを教えるという神の心が変わったことを示唆している。むしろ、神が「国々の間に正義を打ち立てる」ため（イザヤ書二・四。なおミカ書四・三を参照）、民は「もはや戦いを学ば」ない（イザヤ書二・四、ミカ書四・三。なおイザヤ書七・四を参照。そこではイザヤはアハズ王に、戦いを準備するよりもむしろ「黙っている」よう命じるが、王は聞くことを拒み、イザヤ書七・一二で「主を試すようなことはしない」と言って自分の行為を正当化する）。士師記三・一―二の皮肉なユーモアはまさに、民はもはや戦いを学ばないというこの結論を予見している。士師記において明らかな漸進的な劣化は既に、戦いを学ぶことが、神の意志の確立に寄与しないことを示している。むしろそれは、かつても今も、単に混沌を生み出すのである。

イスラエルが神への忠誠と従順を試みられているという説明に関して、その申命記史家的な響きは、これが回顧して形作られたことをはっきりと示唆している。たとえそうでも、特に試みが単なる神による操作以上のものとして理解し得るとすれば、これは教訓的である。あらゆる時代や場所において神から忠実であるよう呼びかけられる者にとって、選択という現実と選択肢の存在は、生命には「試み」が含まれることを意味している。士師記において、イスラエルは神のみを崇拝する／仕えるよう呼びかけられる。もう一方の選択肢は、カナン人の体制であり、偶像崇拝と自己主張、最終的には死に至る道を象徴している（序論の三bを参照）。

かつても今も、自己主張の道は将来有望のように見える。士師記がその繰り返しのパターンという形で示そうとしているように、イスラエルは、士師たちの努力空しく、これに抗うことができなかった。続くサムエル記と列王記が示すように、士師の後継者たち――イスラエルとユダの王たち――もまた、自己主張に抗うことはできなかった。いずれの場合も、その結末は悲劇的である。士師記は混沌で終わり、王制は両王国に破滅をもたらした。それらの教訓は何であろうか。自己主張と偶像崇拝は、死をもたらす結末を生み出すということである。この観点から、士師記は前・後の預言者のすべてと同じく、契約忠誠への呼びかけである――自己主張と偶像崇拝の悔い改めへの呼びかけであり、神のみの尊敬、崇拝、奉仕への呼びかけである。

それと同時に、繰り返しのパターンに神が関わることで、神の意志が最終的には恵みによって遂行されねばならないことが示唆されている。士師記ならびに聖書全体の中で、神は幾度となく民を赦し、最終的にはキリストの内で罪深い人類のために行為する。正義と平和《シャローム》をもたらすためのこの戦略は、いわゆる「現実世界」における人間にとっては厳しすぎる要求のように見えるかもしれない。しかしそれは逆に、われわれの唯一の希望なのである。デズモンド・ツツはその著書『赦しなければ未来なし（*No Future without Forgiveness*）』の中で、アパルトヘイト後の平和な南アフリカの奇跡を描いている。その奇跡の中には、過去の残虐行為を無視するのではなく、むしろ抑圧者が公に彼らの罪を告白し、犠牲者に賠償を行い、処罰なき赦しを得るための選択が含まれていた。ツツはこの過程を、「修復的正義（restorative justice）」と呼ぶ。ツツは、赦しによってのみ、南アフリカと世界のための住みよい未来があると宣言している。

士師記における繰り返しのパターンは、神が「修復的正義」を実践することを例示している。神と神の民との間の契約の未来は、幾度となく神の赦しに係っているからである（士師記以外にも、ホセア書二・一六―二〇を参照）。士師記はまた、神のみの崇拝や神の道の実現を拒むことの破壊的な結末を例示することで、あらゆる世代の読者が偶像崇拝と自己主張を悔い改め、神に従うよう促している。われわれのような世界、人間の自己主張や、自分自身を神の代わりとする傾向によってその未来がますます脅かされている世界において、士師記とその悔い改めへの呼びかけは、特に時宜を得たものである。協力よりもむしろ競争が幅を利かせ、力があって裕福な者が最も価値があると結論付けようとする必然的な傾向に鑑みるに、楽観主義の余地はほとんどない。しかし士師記は、希望の余地があることを示唆している――赦しによって未来を創造し、忠実な者たちに行って同じように行うよう促す神への希望である。

第二部　士師たちの物語
士師記三・七―一六・三一

一・一―二・五と二・六―三・六における文書への二重の導入に続いて、士師記三・七は、一般に士師として知られる人物たち（序論の二aを参照）を実際に描き出している文書部分の冒頭である。オトニエルから始まり（三・七―一一）、サムソンに至るまで（一三―一六章）、士師は全部で十二人である（九章のアビメレクを数え入れない）。この数には、一般に大士師として知られる六人が含まれており、彼らの物語は、二・一一―一九で提示された文学的パターンによって特徴付けられる。このパターンは、文書が進むにつれて変化し、民の生命と士師のリーダーシップの両方が漸進的に劣化する様を明らかにしている（序論の二cを参照）。最初の士師オトニエルは、あらゆる面で模範的である。しかし士師記における最後の士師サムソンは、あり得るほぼすべての面で間違いを犯し、彼の死後に続くのは、一七―二一章で描かれる混沌状態である。

三・七―一一　オトニエル　めでたい始まり

最初の士師あるいは「正義をもたらす者」（序論の二aを参照）であるオトニエルの物語は、非常に簡潔で、二・一一―一九に描かれたパターンに正確に則っている（二・六―三・六についての注解、また序論の二cを参照）。三・七の内容は、特に「悪」と「崇拝」／「崇拝した」の繰り返しによって、二・一一を想起させる。「主を忘れる」という民の振る舞いについての描写は、三・七に特有である。後になると、民の「悪」にはより強烈な「捨てた」が含まれるようになり（二・一二―一三、一〇・六、一三を参照）、こうした違いは、文書が進むにつれて民の状態がますます悪くなることの微細な示唆であるかもしれない（序論の二cを参照）。ヘブライ語*ʿābad*（「崇拝する」ないし「仕える」）が鍵語である二・六―三・六についての注解で述べたように、民によるバアルとアシェラの崇拝は、偶像崇拝と自己主張の両方の行為である――これは神や神の道に従うことの失敗である。

九節は、敵の名前が挙げられていることを除けば、二・一四と非常によく似る。学者たちは、クシャン・リシュアタイム王とその国について数多くの同定を試みているが（ハバクク書三・七を参照）、意見の一致は見られず、そもそものような試みは論点を逸していよう。この王の名前は明らかに象徴的である。これは「二重悪のクシャン」を意味し、ほぼ間違いなくユーモアを意図したものである（序論の三eを参照）。著者や／あるいは編集者（たち）が関心を寄せたのは歴史性ではなかった。王の名前のユーモアある象徴や、最初の士師についての記述の簡潔さは、むしろ物語が本文書のより大きなパターンに合うように様式化されたことを示唆している。最初の士師は、詳細が二・一一―一九で導入されたパターンと完全に一致するだけでなく、一・一―二・五に含まれる地理的なパターンに沿って、ユダ部族の出身である（一・一―二・五についての注解、また序論の二cを参照）。ユダ部族の名は特に挙げられていないが、オトニエルは一・一一―一五においてユダと関連付けられている（ヨシュア記一五・一五―一九も参照）。

「イスラエルの民は主に助けを求めて叫んだ」（三・九）という注記は、二・一一―一九に見られるパターンの明確な一部ではないものの、そこではこれが民の「うめき」についての言及によって暗示され（二・一八）、士師記三・一五、六・六―七、一〇・一〇で繰り返されている。いずれの語も、エジプトにおける民の状況を想起させ、彼らがそこでうめき（出エジプト記二・二四、六・五）、助けを求めて叫んだことが（出エジプト記二・二三）、出エジプトへとつながる。出エジプトは、神による民の救助として描かれており（出エジプト記一四・三〇、NRSVではsaved〔新共同訳では「救われた」〕、一五・二、NRSVではsalvation〔新共同訳では「救い」〕参照）、それは神が最初の士師を起こすのと同じである（九節。なお士師記三・一五、六・一五、一〇・一も参照）。要するに、士師記を通じた円環的なパターンのいずれの挿話も、一種の新しい出エジプト、死をもたらす抑圧的状況からの、神による民の恵み深い救助として理解されるべきものである。イザヤ書は後に、捕囚からの帰還を新しい出エジプト経験として描き出している（イザヤ書四三・一四―二一を参照）。すなわち、後の預言者（イザヤ書）は、前の預言者（士師記）と結び付いて、死から生へと民を救助するために恵み深く行為する神についてのトーラーの描写（出エジプト記）へと収斂している。あるいは言葉を変えれば、トーラー、前の預言者、後の預言者は、神が確立した契約の文脈の中で、生命のために望みはたらく神を一貫して描いている（ヨシュア記二四・二五、士師記二・二〇を参照）。民の不従順は確かに破壊的な結末をもたらすが（三・八）、神は最終的には「悪」を行ったのと同じ民を救うために行為する（三・七）。これは恵みである。そして旧約聖書と新約聖書の両方において、イスラエルの神とイエス・キリストは、恵みによって神の目的を追求するのである（序論の四を参照）。

「主の霊」についての言及は、一一・一一—一九に見られるパターンの一部ではないものの、この後の士師たちとの関連でも繰り返される（六・三四、一一・二九、一三・二五、一四・六、一九、一五・一四を参照）。しかしこれが繰り返されるとき、文脈はその霊の影響がますます問題のあるものとなることを示唆している。本箇所における霊は、即座に救助と正義の確立へとつながっている。すなわちオトニエルは、「イスラエルを裁いた」（三・一〇）。しかし後になると、ギデオンは霊を受け取るが（六・三四）、彼は先に進む前に、神が合格しなければならないテストを案出する（六・三六—四〇）。エフタに霊が臨むときには、明らかにそれだけでは十分でないため、エフタは悲劇的な誓願を行う（一一・二九—四〇）。サムソンに関しては、彼は霊を受け取ることで印象的な業を行うことができるが、それらの内のどれ一つとしてイスラエルの救助にはつながらないのである。これらの文脈を比較すると、士師のリーダーシップの非効率性が増加することが示唆されており、そのことは本文書を特徴付けている漸進的な劣化の更なる証拠になっている（序論の二cを参照）。オトニエルの場合のみ、霊の存在が、神が望むことの即座の確立につながっている。

漸進的な劣化のパターンを示す更にもう一つの要素が、国が「平穏」であったという時代の報告である。最初期の士師たちの場合についてのみ、「平穏」についての報告がある（三・一一、三〇、五・三一、八・二八を参照）。その有効性に既に疑問が呈されているギデオンの後、もはや「平穏」はない。オトニエルが理想を具現化し、エフドとデボラが及第点に達し、ギデオンはそれに近似するが、後の士師たちはこれにはるかに及ばない。

三・一二―三〇
エフド「左利きの人」

三・七―一一のオトニエルの物語が、敵の王の名前（クシャン・リシュアタイム＝二重悪のクシャン）によって、やんわりとユーモアを伝えているとすれば、三・一二―三〇のエフドの物語は、事実上のどたばたコメディーである。またしても重要なのは登場人物たちの名前である。エフドという名前の意味は、詳しくは分からないものの、どうやら「一」という単語と関連しており、「独りでいる人」のようなものを意味するのかもしれず（Hamlin, 73）、おそらくはエグロン王の宮廷へと向かう彼の孤独な使命を念頭に置いたものである。敵のモアブ王の名前エグロンはおそらく、「丸い」を意味するヘブライ語語根から派生し、「子牛」ないし「若い雌牛」を意味するヘブライ語の単語にきわめてよく似る。従って、この名前が意味するのは、ハムリンが示唆するように、現代の「太った猫＝大物」のようなものを含意し得る、「ちょっと太った雄牛」かもしれない（Hamlin, 70. 士師記三・一七を参照。そこでは「エグロンは非常に太っていた」と言われる)。すなわちエフドの物語は、エグロン――イスラエルの民に対して、エリコ(「なつめやしの町」、一三節)に配された遠征隊を襲撃し、十八年にわたって「貢ぎ物」を徴収して私腹を肥やしていた王である「大物」(三・一四―一五、一七―一八を参照)――と「ローン・レンジャー」であるエフドとの間の一方的な争いのようなものとして設定されている。もちろん、その結末については疑いの余地はない。換言すれば、この物語は、言葉のあらゆる意味において、イスラエルの民の視点からのコメディーである。すなわち、正しい者が勝つハッピーエンドで、愉快なものである。

古代の民話伝承を学ぶ者の立場から見ると、物語はエフドを「ペテン師」として描いている。普通ではない何かが起ころうとしていることの最初の手がかりが、一五節でのエフドの同定のされ方である。彼は「ベニヤミンの人」で、文字通りには「右手の子」である。しかし彼は「左利きの人」(文字通りには「右手がさえぎられた」。士師記二〇・一六を参照、そこでは別のベニヤミン人が左利きないしおそらくは両手利きとされる)であった。エフドの左利きは明らかに、エグロンとその従者たちをペテンにかけるエフドの能力に一役買っている。エフドは、エグロン王のいる場所に入る際に身体検査をされたであろう。しかしエグロンの従者たちはどうやら、エフドが隠し持っていた武器を見落とした。なぜなら、エフドは左利きで、彼が刀を運んでいたのは、大半の(右利きの)戦士たちと同じ体の左側ではなかったからである(三・一六を参照)。

エグロンに対するエフドの言葉は、行為と同じく、「巧妙」ないし曖昧である。彼は最初にエグロンにこう言う、「あなたに内密の話があります」(一九節)。しかしこの箇所のヘブライ語は、「あなたに内密の事柄があります」あるいは「あなたに保護の言葉があります」とも訳せる。特にエフドが更に「あなたに神からの使信[言葉]があります」(二〇節)と言ったとき、エグロン王がこれを良い言葉ないし事柄であると期待したのも無理はないであろう。「彫刻された石」〔新共同訳では「偶像のあるところ」〕（一九、二六節）と訳されているヘブライ語の単語〔*pᵉsîlîm*〕は普通、「偶像」を意味する。そしてギルガル近くのヨルダンの渡しを管理していたのがモアブ人だったことから（二八節を参照）、エフドがヨルダンを横断したときに見たものは、モアブ人の神ケモシュの像だったのかもしれない。エグロンは、エフドが貢ぎ物を届けるためにヨルダンを横断したのを知っていたため、エフドから、エグロン自身の神であるケモシュからの好意ある言葉を期待さえしていたのかもしれない。いずれにせよ、彼はペテンにかけられる。彼が受け取るのは事柄――剣――である。それは物語の文脈において、イスラエルの神からの裁きの使信、抑圧された状況に正義をもたらす言葉でもあることが明らかとなる。エフドの両刃の剣（一六節）は、エフドの両刃の語りを予見していたのである。武器と言葉は、正義を確立するために、一つになってはたらく（詩編一四九・六―九を参照。そこでは、「忠実な者たち」が「裁き」の目的あるいは正義の確立のために諸国民に対して「両刃の剣」を用いる）。

エフドによるエグロン殺害の詳細は、この物語の猥談の部分に含まれる。事実、物語はまるで文字通りに下ネタになっている。エフドの剣が明らかにエグロンの腸を突き刺したことから、放出された「汚物」（二二節）とはおそらく排泄物である。現代的に言えば、比喩的にも文字通りにも、エフドはエグロンの糞を叩き出すのである。エグロンの家臣たちが屋上の部屋に戻って来ると、彼らは臭いを嗅ぎ、論理的にエグロンは「用を足している」（二四節）と結論付ける。彼らもまたペテンにかけられる。そして実際に何が起こったのかを発見する時までには、エフドは遠くに立ち去っている。下馬評を覆して、左利きのローン・レンジャーが、定評ある大物を打ち破ったのである。

先の分析では、エフドの左利きを単に身体的な属性として扱った。しかし物語の古代の聞き手にとって、左利きであることには更なる関連があったと思われる。古代において（またその痕跡が今日なお残る）、左利きであることは、劣った、汚れた、不具合のあることと考えられた。これらの関連の光の下では、エフドの勝利はより一層印象的なものとなる。すなわち、劣っていると思われていた者が、明らかに優っていた者を破り、汚れていると思われていた者が、王たるエグロンを自分自身の汚物の中に倒れさせ、明らかに不具合のある人物が、その敵より身体的にも精神的にも熟達していることを示すのである。

物語にはおそらく、別の裏の意味もある。エフドは、「貢ぎ物を納めた」（一八節、なお一七節を参照）と言われている。別の文脈では、この語彙は神への供犠の奉献を表す。エグロンの名前がおそらく「太った雄牛」を意味すること（上記参照）、彼がエフドによって殺されたことを考慮に入れると、これは皮肉なユーモアの一部であるように見える。すなわち、イスラエルからの貢ぎ物を受けたエグロンが、まさにイスラエルによる神への犠牲の供犠のように殺されて終わるのである。この皮肉なユーモアは、ある種の詩的な正義を伝えている。エグロン殺害は、「約一万のモアブ人」の殺害（二九節）を予見しており、これは抑圧者が「屈服した」ことを意味している（三〇節）。

エフドの物語はおそらく、古代イスラエルと同程度に、現代のシチュエーション・コメディに近い。このペテン師物語と現代ジャンルのいずれもが、身体機能についてのジョークや民族的なユーモアで笑いを獲ろうとする。確かに、エフドの賢い勇敢な功績は、よい、愉快な、面白い物語に資する。しかしそこに神学的な重要性が含まれる可能性はあるだろうか。教会でこの種の素材について語りたいと思うだろうか。

これらの問いに答えるにはまず、支配されている人々にとって、ユーモアがしばしば唯一の現実的な抵抗手段であるのに気付くことが重要である。そしてエフドの物語では、イスラエルはエグロン王に支配されている。彼らは「モアブのエグロン王に十八年間仕えた」（三・一四）。動詞「仕えた」は、エジプトで民がかつての時代に陥っていた苦境を描き出すのにも用いられる語彙の一つである。エジプトでは、本箇所と同じく、民が「主に助けを求めて叫んだ」（三・一五）。そして主が救う／救助する。要するに、エフドの物語の神学的な重要性は、士師記の編集者たちが配置したパターンから得られる――各々の新しい挿話を実質的に新しい出エジプトとして提示するパターンである（二・六―三・六、三・七―一一についての注解を参照、なお序論の三、四も参照）。

確かに、民の抑圧は、彼ら自身の過ちである。彼らは「主の目に悪とされること」を行った（三・一二。なお二・一一、三・七を参照）。上で述べたように、士師記における「悪」とは本質的に偶像崇拝であり、それは民による自己主張に等しい。そして悪は常に破壊的な結末をもたらす。この意味で、神は「決して罰せずにはおかない」（出エジプト記三四・七）。それでも、義なる神が望み求めるのは、単なる報復ではない。この場合、また士師記全体を通じて、神は最終的には、神が「慈しみ深く恵みに富む」ことを示すのである（出エジプト記三四・六）。「悪」を行った民のために、神は「救助者」を起こし（三・一五。なお二・一八、三・九を参照）、この者は抑圧者に対峙して、神が意図するような生命を可能にする状況を回復する。これが、八十年にわたる国の平穏によって意味されていることである（三・三〇。なお三・一一を参照）。要するに、エフドの業は正義をもたらす。しかしそれは神の恵みに基づいた正義である――これは上で「修復的正義」と呼ばれたものであり（二・六―三・六についての注解を参照）、イスラエルのような、またわれわれのような罪深い民のために未来を可能にする唯一の正義である。

神がエフドのような「ペテン師」を神の修復的正義の道具として用いることは、興味深く教訓的である――事実、これは受肉的（incarnational）とさえ呼べるかもしれない。神が用いるのは、神が用いることのできた物や人であり、その道具が模範的であることは滅多にない――例えば、神が用いる別の「ペテン師」は、ヤコブという名の者であり、またモーセ、ダビデ、パウロなどの殺人者でもある（一三―一六章についての注解を参照）。

物語における暴力、殺害された王エグロンや他のモアブ人の運命についてはどうであろうか。三・一二―三〇のモアブ人は、一・一―二・五ならびに士師記全体を通じて、カナン人や他の非イスラエル人が象徴しているものである――すなわち、ファラオのエジプトと同じく、死の道を代表する体制である。そのような体制は暴力を制度化し、神はそれらに反対する。神自身の民であるイスラエルがそのような体制を実行したときには――すなわち、王朝が抑圧的になったときには――、神はこれにも反対し、その結果が捕囚であった。後の預言者が捕囚の経験から構想するのは、神がすべての国々に正義をもたらし、「もはや戦いを学ばない民によって制定される未来である（イザヤ書二・四）。士師記三・一二―三〇やこの文書全体を通じて、暴力は神の目的の確立に寄与している。暴力が必要なのは、かつても今も、抑圧が必然的に暴力を生み出すことを思い起こさせるためである。前と後の預言者のすべての文書と同じく、士師記は最終的には、契約忠誠への呼びかけである――必然的に暴力を生み出す偶像崇拝と自己主張からの立ち帰りの呼びかけであり、必然的に「平和《シャローム》」を生み出す正義をすべての人が追求するための呼びかけである（序論の三b、三c、四を参照）。

三・三一　シャムガル　非イスラエル人の士師か

最初のいわゆる小士師（一〇・一―五、一二・八―一五も参照、なお序論の二aを参照）であるシャムガルに割かれているのは、わずか一節のみである。エフドの死についての注記が四・一まで見られないことから、シャムガルとエフドは重複していたように見える。しかし士師記の編集者は、年代学ないし歴史的な正確さに関心はなかった。もし五・六が何らかの示唆であるとすれば、シャムガルとヤエルは同時代の人であったかもしれないように見える。しかしまたしても重要なのは、年代学的な一貫性ではない。事実、小士師についての素材は、主として編集者たちによって挿入されたかもしれず、それによって士師たちの全数が（九章のアビメレクを数え入れない）、十二になっている。これは一部族に一人に相当するが、すべての部族がはっきりと士師を一人ずつ輩出しているわけではない。

事実、シャムガルの場合、彼はイスラエル人でさえなかったかもしれないのである。彼の部族は同定されていない。またシャムガルという名前は、イスラエル人のようには見えない。ハムリンは、これはフリ系の名前であると考え、シャムガルは「フリ人の子孫であった」と主張する（Hamlin, 78）。シャムガルの名前の後に続く同定は驚くべきものである。彼は「アナトの子」であった。しかしアナトはカナンの神で、バアルの配偶神である。そこでソッジンは、シャムガルは「カナン人の小君主」であったと述べる（Soggin, 59）。このカナン人の小君主がイスラエルの士師を継承するとは、一体どういうことなのだろうか。

当然のことながら、ハムリンやソッジンが間違っている可能性がある。ひょっとすると、シャムガルのアナトとの関連は、シャムガルのような部族の英雄が実際に生きた初期時代に存在していた多神教的文脈という歴史的な現実を単に反映したものかもしれない。しかしシャムガルが非イスラエル人であったというハムリンやソッジンの同定が正しいとすれば、シャムガルが士師の中に含まれていることは、多くの歴史家たちによる主張を支持しているのかもしれない――すなわち、イスラエルのカナン「征服」は、いわゆる内部での出来事だったということである。確かに、イスラエルの一団は、エジプトでの抑圧から救助されたという記憶や、異なる類の社会組織を確立しようとする意図と共に、外部からカナンに入った。このイスラエルの一団にはその後、カナン内で離反し疎外されていた人々が加わる――彼らは、エジプトにおけるイスラエルの民がエジプトの体制の犠牲者であった以上に、カナンの都市国家体制の犠牲者であった。これらのカナン人が、カナンの都市国家体制による死をもたらす政策に反対する人々と力を合わせたときに、事実上イスラエル人となった。この歴史的な再構成がおおよそ正しいとすれば、これは、カナン人であったかもしれないシャムガルがイスラエルの士師となり得た所以を説明する。そして更に、この歴史的な再構成によって、士師記の主眼が、死をもたらす抑圧への神の反対にあり、他の集団を犠牲にしたある一つの民の集団への神の依怙贔屓にはないという正典上の根拠によって到達した結論は補強される。

人間の個人や集団は、他の個人や集団を犠牲にしてでも自分たちの重大事を確立しようとする傾向があると語る現代の社会学者や人類学者が正しいとすれば（Elizondo, 16-18を参照）、神は世界全体、すなわちすべての民と国のための正義を望んでいるのに気付くことがきわめて重要である。上で述べたように、すべての国に正義と平和を確立しようとする神の意志の明示は、後の預言者に見られ（イザヤ書二・一―四、四二・一―四を参照）、それは士師記を読むためのより大きな文脈を形成している（序論の三を参照）。キリスト者の解釈者たちはこの使信を、イエスの教えや使徒パウロによる異邦人（すなわち諸国民）への教会の開放の中に、より強められた形で読み取る。しかし士師記三・三一に関しては、この全体的な大規模の運動が、イスラエルの士師の継承にカナン人の小君主であるシャムガルを加えるという、少なくともある小さな形で予見されているかもしれないのは興味深い。

シャムガルが実際の武器ではなく、「牛追いの棒」で「イスラエルを救った」という記述は（二・一八、三・九、一五、六・一五、八・二二、一〇・一、一三・五も参照）、一三―一六章のサムソンの物語（特に一五・一五を参照）を予見する。シャムガルと同じく、サムソンもペリシテ人と戦うことになる。しかしサムソンには四章も紙幅が割かれているにもかかわらず、シャムガルが一節で行うことを、サムソンはこれらの章の中で達成しない。すなわち、サムソンはイスラエルを救わないのである。シャムガルとサムソンの対比は明白である。それは、士師記を特徴付けている漸進的な劣化のパターンの別断片をなしている。従って士師記は、今日もなお真実であることを証している。すなわち、神のみに仕え従うことの持続的な失敗は、ますます混沌とした破壊的な影響を及ぼすのである（序論の二cを参照）。

四・一―五・三一
デボラ、バラク、ヤエル　救う女性たち

士師記 4・1 – 5・31

三章での士師たちの一連の展開に鑑みると、その次に続く場面はおそらく、一見したときほどに非現実的ではない。エフドは賢い左利きのペテン師であった。シャムガルはイスラエル人ですらなかったかもしれない。そして今、次なる士師はなんと女性である。それはデボラである、あるいはそのように見える。デボラは明らかに四―五章において主要な役割を果たしている。しかしバラクも大きな役割を果たしており、ヤエルもまたそうである。ヤエルはおそらく最上位に置かれてすらいる（士師記五・二三を参照）。「真の士師」は一般にデボラであったと考えられているが（四・四を参照）、おそらくは、デボラ、バラク、ヤエルを共同士師と考えるべきであろう――死に抗して救助を行うべく協力する一種の「三位一体」である（序論の二aを参照）。この曖昧さは実際のところ、テクストが三人の内の誰もイスラエルを救ったとはっきりと明言していないという事実に部分的に起因する（例えば、三・九、三一と比較されたい）。後で述べるように、これは、神がこの類まれなトリオを通じてはたらいたという良き知らせを強調しようとする意図かもしれない――デボラという名前の女性、素早さも勇敢さも賢さも持ち合わせていないように見える「稲妻」という意味の名前の男性、またしても非イスラエル人であったか、あるいは少なくとも非イスラエル人と結婚していた（三・三一のシャムガルについてを参照）もう一人の女性のヤエルである。

学者たちは伝統的に、四章と五章の関係について、特にどちらがより古いテクストであるか、そしてより古いテクストがより後のバージョンの中でどのように、そしてなぜ変えられたのかについて論じることに多くの時間と労力を費やしてきた。合意としては、五章の方がより古く、事実、これは旧約聖書の中で最も古い部分の一つであるとされる。ヘブライ語の難解さがこの結論を示唆しており、その抒情的な文体や古い繰り返しのパターンのように見えるものもまた同様である（五・二七を参照）。しかし率直に言って、どちらのテクストが先に成立したかを証明することは不可能であり、これはそれほど重大事ではない。二つのテクストは明らかに、詳細や焦点について、さまざまな点で関心を異にする（以下を参照）。しかしながら、それらは矛盾というよりもむしろ、合致ないし補完である。要するに、正典上の順序がすぐれた意味を持つ。四章が描き出すのは救助であり、五章はそれを祝って詳述するが、これは部分的には異なる著者に、部分的にはおそらく詩的な豊かさに帰される（出エジプト記一四―一五章の同じような散文と詩文の並置を参照）。

四章と五章をより詳しく見る前に、四・一―七が改訂共通聖書日課の中に登場する士師記からの唯一のテクストであることに注目すべきであろう。残念ながら日課では、物語がまさに始まったところでカットされている。従って、高まるサスペンス、曖昧な表現、予期せぬ出来事の展開、驚くべき結末を欠いている。戦いのあらゆる暴力（シセラの全軍がバラクとその軍隊によって殺害される――四・一六を参照）、そしてヤエルによるシセラ殺害を除くことで、日課は説教者ないし教師を窮地から逃れさせているように見える。彼らはそのような残酷な現実について話をする必要がなくなるのである。しかし当然のことながら、説教者はそれによって、四章と五章の驚くべき神学的な主張を逸してしまうかもしれない。すなわち、「神がカナンの王ヤビンを屈服させた」のであり（四・二三）、ヤエルが「女たちの中で最も祝福される」のである（五・二四）。説教者たちは更に、人類の歴史上最も暴力的な世紀を生き抜いてきた現代人、またアメリカ合衆国の住民であれば、現在世界で最も暴力的な社会の一つに住んでいる人々と共に、聖書的、神学的な視点から暴力について語る重要な機会を失ってしまうかもしれない。第二次世界大戦やホロコースト（朝鮮戦争、ベトナム戦争、湾岸戦争などは言うに及ばず）を生き延びた古い世代の教会員にとって、士師記四―五章の詳細は、まるで衝撃的なものではないだろう。生徒がほぼ常に銃やナイフや爆弾を持ち歩く学校に子供を通わせている若い親にとって、天幕の杭を用いたヤエルによるシセラ殺害（おそらく自己防衛で）は、それほど驚くものではないだろう。そしてテレビや映画、ゲームで、文字通り数百、おそらくは数千の殺人を目にしてきた子供たちには、デボラ、バラク、ヤエルの物語はおそらく、ごく平凡な、陳腐なものにさえ見えるかもしれない。

四・一―二四　散文の物語

四章の初めは、士師記を特徴付けているパターンに従っている（序論の二cを参照）。士師が死に、民は「悪」を行う（四・一。なお二・一一、三・七、一二、六・一、一〇・六、一三・一を参照）。すると、彼らは敵に「売られる」（四・二。なお二・一四、三・八、一〇・七を参照）。そして彼らは神に助けを求めて叫ぶ（四・三。なお三・九、一五、六・六を参照）。この場合、敵は「カナンの王ヤビン」である。ヨシュアは、ハツォルの王ヤビンを打ち破ったと言われる（ヨシュア記一一・一―一五）。しかしヨシュアの勝利に関する記事の詳細は、士師記四章とは異なることから、この二つの関係は不明である。いずれにせよ、物語の中での王ヤビンの役割はごくわずかで、四・二三―二四まで姿を現さない。実際にはシセラが主たるカナンの敵役である（詩編八三・一

○を参照)。おそらく士師記の著者／編集者たちは、「ヤビン」という名前をヨシュア記一一章から借りたか、あるいはひょっとすると「ヤビン」は即位名であり、この名を持つ複数の王がいたのかもしれない。この名前は、「彼は理解する」を意味する。そしてヨシュア記と士師記の文脈では、これは皮肉な響きを持つ。すなわち王は、イスラエルの神が抑圧者に反対することを「理解する」のである。

士師記に見られるパターンは、神学的な重要性を持つ（序論の四ないし二・六―三・六についての注解を参照)。これは確かに、不従順には結果があり、それが常に否定的な結末をもたらすことを示唆している。しかしこのパターンは、神が、不従順であった者たちの叫びを聞くことを確証してもいる。要するに、神は最終的に恵みによって正義を追求するのである。従って、士師記を通じた新しい救助は事実上、新しい出エジプトである。この場合、シセラがイスラエルの民を「抑圧した」と言われているのは驚くに値しない（四・三)。抑圧はまさに、イスラエルの民がエジプトにおいて経験したことであり、彼らはそこで神に助けを求めて叫んだ（出エジプト記三・九)。シセラの戦車についての言及も、ファラオの戦車を想起させる（出エジプト記一四・一三―一八)。また救助の描写、特に五章の詩文は、出エジプトの出来事を思い起こさせる。

実際のところ、四章におけるパターンは、それほど典型的ではなく、最後の部分を欠いている。神が何者かを士師として「立てた」（二・一六、三・九、一五を参照）という報告が期待される地点に、デボラの物語の始まりがある（四・四)。彼女は確かに、「イスラエルを裁いていた」と言われ、「イスラエルの民は裁き［あるいは「正義」］を求めて彼女のもとにやって来た」と言われている。この点でデボラは、法的な能力をもって明確に機能した唯一の士師のように見える（その物語が士師記の枠を越え出るサムエルに至るまで)。しかしデボラが独特であったとしても、全くそうだったわけではない。デボラがイスラエルを救ったとは明言されてはいないものの、彼女はバラクとのやりとりによって、明らかに主要な役割を果たしている。

従って、士師が主として法的な職務者よりもむしろ救助者であると理解されていたとしても、デボラは依然として士師、あるいは少なくともバラクとヤエルとの共同士師として理解されねばならない。学者たちの間では、デボラの正確な役割をめぐって活発な議論が行われてきた。しかし士師を「正義をもたらす者」という最も広い意味で見れば（序論の二aを参照）、この議論の重要性は最小限に抑えられる。デボラは、バラクやヤエルと共に、神が意図するもの――すなわち、抑圧からの救助、ないしは一言で言えば、正義――をもたらすことに参与しているのである。

しかしデボラが士師であるとすれば、彼女は明らかに士師以上の存在でもある。彼女は「女預言者」でもあった（四・四）。そして当然のことながら、預言者の役割も一様に正義を目指す（アモス書五・二一―二四、イザヤ書一・一七、エレミヤ書二一・一二、エゼキエル書三四・一六を参照）。「デボラ」という名前は「蜜蜂」を意味しているように見えるが、「語る」や「言葉」を意味するヘブライ語語根〔*dbr*〕と同じ子音からなる。デボラの名前が、神の言葉を語るという預言者の役割を示唆していることは、少なくとも可能性としてある。イスラエルの救助におけるデボラの役割は、主に彼女がバラクに語ることによって果たされる。実際の「針」はデボラではなく、むしろバラクや特にヤエルによってもたらされる。

デボラは更に、ＮＲＳＶが wife of Lappidoth〔新共同訳は「ラピドトの妻」〕と訳している句によって同定される（四節）。この翻訳は正しいかもしれない。しかしこの句は、「松明の女」とも訳せる。そして物語の文脈上、この呼称は多くの意味を持つ。もしラピドトが本当にデボラの夫の名前であるとしても、彼について分かることは何もない。そしてデボラを「松明の女」とする呼称は、かなり的を射ていよう。古代ヘブライ語には、to carry the torch（「片思いする」、「忠誠を尽くす」）という英語のイディオムはなかったかもしれないが、旧約聖書には松明が征服する力を表している章句がある（ゼカリヤ書一二・六、ダニエル書一〇・六。なおイザヤ書六二・一を参照）。そしてデボラはそのような力を具現化しているのである（士師記五・七を参照）。更に、普通「松明」と訳されるヘブライ語単語は、時に「稲妻」を表す。このことは興味深い。なぜなら「バラク」という名前は、「稲妻」を意味するからである。偶然の可能性もあるが、この関連性は、物語中の実情と思しきものを示唆しているのかもしれない。すなわち、バラクはデボラなしでは輝けないのである。あるいは表現を少し変えれば、バラクの下で火を灯すのはデボラであり、バラクはデボラなしでは戦いに行けない、あるいは少なくとも行こうとしないのである（四・八―九）。

物語のこの側面は、預言者としてのデボラの役割も強調している。デボラはバラクに対して、神が彼に行うよう「命じている」ことを伝えるだけでなく（四・六―七）、バラクはデボラを、他ではイスラエルの戦士たちが契約の箱を扱うように、神の臨在と力の象徴として扱っている。つまり、箱／彼女は戦いに同伴しなければならないのである（サムエル記上四・一―三を参照）。この視点から見て、デボラは神の代弁をしているだけではないようである。彼女は、少なくともバラクの見解では、何らかの形で神の臨在を体現してもいるのである。

物語におけるバラクの役割は、確かに曖昧である。八節における彼のデボラへの返答は、彼女が伝えた神の言葉を、彼が信頼していないことの示唆であろうか。あるいは、バラクは恐れているのだろうか。あるいは、彼はデボラを神の臨在と力の具現として高く評価しており、彼女なしでは戦いに行こうとしないということだろうか。確言はできないが、最後の可能性を排除するようなものは物語の中に何もない。また更に物語の中には、バラクが信頼していなかった、あるいは恐れていたことを示唆するものはない。デボラが「上れ［すなわち、行け］」

と言うと、バラクは即座に、きわめて効果的にこれに応じている。デボラは、バラクが「栄誉を自分のものとすることはできない」と示唆していたが（九節）、バラクの行為はさほど悪くない。彼とその戦士たちは、シセラの軍隊を敗走させる。そしてシセラを除けば、「一人も残らなかった」（一六節）。上々の成果である。バラクはばつの悪い思いをする必要はないし、明らかにそうしていない。五・一によれば、彼はデボラと共に歌い、五・一二では、彼の貢献が適切に祝われている。

物語が排除しているように見受けられるのは、注解者たちが時に到達してきた結論である――すなわち、デボラは戦いの遂行者を必要としており、それがバラクの役割だというものである。一四節の後、デボラは舞台から姿を消したように見えるが、少なくとも三回にわたって、デボラがバラクと共に行ったと語られている（九節で二回、また一〇節にも。なお八節も参照）。救助におけるデボラの役割は確実である。そして更に物語が、男と女に割り当てられた別々の紋切り型的な役割のあからさまな正当化として用いられることがないように、ヤエルにも役割が与えられている。ヤエルは、すべての中で最も強く賢い戦士であることが分かるのである。二十年にわたってイスラエルを抑圧してきた人（三節を参照）を最終的に打ち負かすのは彼女である。

振り返ってみると読み手は、九節におけるデボラの言葉が、ヤエルの役割を予見していたことに気付かされる。しかし物語のあの地点では、読み手は、デボラは彼女自身のことを指していたと結論付ける。これらすべてはもちろん、語り手がサスペンスを高め、曖昧さを用いて、すぐれた物語を単純に伝えていることの効果の証である。いずれにせよ、デボラとバラクの貢献と並んで、ヤエルによる最後を飾る行為がある。物語が高めるサスペンスは明らかに、ヤエルの役割を最も劇的な瞬間としている。ヤエルはある意味で、三人の中で最も英雄的である。そして四章の物語の衝撃と完全に合致して、五章の詩文において、ヤエルは「女たちの中で最も祝福される」と言われている（五・二四）。

従って、ヤエルが士師記の解釈者たちによってしばしば厳しく批判され、非難さえされているのは、より一層に奇妙で驚くべきことである。その告発は、ヤエルが古代近東の神聖なもてなしの慣習を犯したというものである。一一節の明らかな余談は、読み手が一七—二二節へと進んだときに関連してくる情報を提供している。ケニ人はモーセを通じてイスラエルの民と歴史的な結び付きがあったものの、ケニ人ヘベルは彼独自の道を歩んでいた。「ヘベル」という名前は、「同盟」を意味し得るし、ヘベルがシセラの主人でイスラエルの敵である王ヤビンと同盟を結んでいた（あるいはおそらく王ヤビンの配下であった）ことが後で分かる。それゆえにシセラが、ヘベルの妻であるヤエルから支持を得られると期待するのは理にかなっていたように見える。読み手はこの期待を共有する。しかし、そうはならないのである。

従ってヤエルは、解釈者たちによって、裏切り者としてだけでなく、もてなしの悪い者として非難されてきたが、後者に関して最も多くの非難を受けてきた。その理由の一端としては、男の解釈者たちが、女の性格に特にもてなしの良さを期待してきたからである。ヤエルに対するこのような告発は取り下げられなければならない。上で述べたように、士師記の直接の文脈は、彼女を英雄としてたたえ（五・二四—二七）、ヤエルの業は神の業に他ならなかったことを示唆している（四・二三）。しかし更に四章の観点から見れば、物語自体はヤエルをもてなしの慣習の直接的な違反者として描いてはいない。ビクター・マシューズが示したように、物語の中で、あらゆる点でもてなしの慣習に違反した人物は、シセラだった。そもそもシセラは、家長であるヘベルのもとに直接行くべきで、彼の妻の天幕に行くべきではなかった（四・一七）。シセラの行為は、ヘベルに無礼で、ヤエルを辱めるものであった。一八節では、ヤエルはもてなしの慣習に違反しているように見える。もてなしの申し出はヘベルが行うべきものだったからである。しかしマシューズが指摘するように、シセラのより重大な違反は、何らかの悪い状況にあるとヤエルを警戒させたことであろう。更にシセラは、ヤエルによるもてなしの申し出を受け入れるべきではなかった。彼がそうしたために、何らかの不都合があることを更にヤエルに示したのであろう。シセラの失策は続く。良い客人は、主人に何かを求めるようなことはしない。しかしシセラは二つの頼みをする――飲むものを求め（一九節）、天幕の入り口にヤエルを見張りに立たせる（二〇節）。二つ目の頼みは、とりわけ不適当である。シセラは、自分の存在が主人の安全を危険にさらしていることをきわめてはっきりと示しつつ、主人に嘘をつくよう求めるのである――もてなしの慣習の重大な違反である。要するに、きわめて文字通りに、シセラはトラブルを求めているのである。

そしてもちろん、彼はトラブルを被る。確かに、ヤエルの行為は誤解を招くものだった。一八節のシセラに対する彼女の保証は誤解を招く。彼女が一九節で彼に与えるミルクは、睡眠の誘発を意図したものかもしれず、彼女はより簡単に彼を殺害することができた。しかしヤエルの行為は、シセラ殺害を含めて、シセラが「主人と客人の行為を統制する規律のあらゆる誓約に意図的に違反した」という事実によって誘発されたものだった（Matthews, "Hospitality and Hostility in Judges 4," 19）。語り手の視点から見て、ヤエルの行為は完全に正当なものである。ヤエルは、彼女と彼女の家の名誉に対する脅威として明らかな人物を認識して取り除いたことから、便宜的であると共に賢い。シセラの行為、特に彼の二つ目の求めは、ヤエルに対して、彼女の命と彼女の家が危険にさらされていると信じさせるのに十分な理由を与えている。語り手の視点から見て、ヤエルによる殺害は殺人ではなく、むしろ自己防衛である。これはまた、上で述べたように、神の行為である（四・二三）。物語のこの側面は、ここまで行ってきたような文化的な視点からだけでなく、以下で行うように、神学的な視点からも暴力を分析するよう促している。

このような身の毛のよだつ物語は、実際のところ愉快なものではないが、古典的な意味でのコメディーと考えられる――すなわち、少なくとも抑圧されて危機にさらされている者にとっては、ハッピーエンドである。加えて、物語のジェンダーの側面は、何らかのユーモアとなるように意図されているのかもしれない。例えば、シセラがヤエルに対して、誰かが彼女の天幕に来たときに予想して語る質問は、文字通りには、「ここに男はいるのか」と訳すことができる（二〇節）。ヤエルに「いません」と答えるよう告げることで、シセラは皮肉にも、彼自身の男性性を弱め、彼自身の死を予言しているのである。そのような皮肉は、少なくとも一笑に値する（序論の三eを参照）。

物語における別のジェンダーの側面は、よりはっきりと性的である。シセラは有名な軍司令官であったため（四・二一―二二）、また征服する男の英雄が一般には女たちを思うがままにしたため（五・三〇を参照）、そしてシセラはヤエルの天幕に入ることでもてなしの慣習に違反したために、ヤエルは強姦されることを恐れたのかもしれない。その代わりに、ある注解者たちが逆強姦と表現しているものにおいて、ヤエルによって「釘を刺された」（gets nailed）のはシセラである――文字通りに、ヤエルは槌と天幕の釘を用いることでそうしており、そしておそらくは比喩的にも。上記の現代のイディオムが持つ性的な意味合いで理解された可能性がある。この場面の性的な次元は、五・二七の詩文において更により明らかになる。いずれにせよ、物語のこの側面に関わる予期せぬ詩的な正義はひょっとすると、語り手によって、ユーモアとなるように意図されたものだった。笑いの喚起が必ずしも意図したものではなかったとしても、語り手によるシセラの「女性化」は、物語が古典的な意味でコメディーであることを強調している。換言すれば、スーザン・ニディッチが主張するように、これはヤエルを

「体制に対する辺境者の勝利の原型ないし象徴……すべての辺境者たち、特に女性たちの強力な雛型」として提示する（Niditch, "Eroticism and Death in the Tale of Jael," 52-53）。ニディッチの見解は、なぜ語り手がヤエルの暴力行為を、通常は暴力的な抑圧に反対するまさに神の行動として見ることができたかの説明の第一歩となる。

五・一―三一　デボラとバラクの歌

上で述べたように、五章の詩文は、おそらく四章の物語よりも古く、その資料となっている。詩文の用語と文体は古いもののように見える。これは「現存する最古のイスラエルの詩文」で、まさに「ヘブライ語聖書における最初期のテクスト」であるかもしれない（Soggin, 64, 80）。更にこの詩は、前一二〇〇―一〇二〇年の時代のイスラエルの民のあり得る歴史的な状況を反映しているように見える。この時代、出現したイスラエルの民は、より強力なカナン都市国家の影響圏の外や狭間にある高地に住んだ。カナン都市国家体制とその階級組織に対して、イスラエルの民は、これに代わる平等主義を代表していた。生物学上の家族と拡張された家族は、カナン人による支配の辺境に居を構えるために一緒に働いた。生活は、生存のための戦いであった――食料を得るために十分な作物を栽培するための戦い、農業指向のイスラエル農民と小村民を一方、都市化と商業指向のカナン人を他方とする両者の間の戦い、女性を含むすべての有能な者の貢献が求められた戦いである（序論の二b、三dを参照）。

これらの戦いは、イスラエルの民が解放されねばならなかった抑圧的な状況を前提とする詩文に反映されている。この状況は、六―八節で最も明確に示唆されている。六節では、カナン人が道路や隊商路を支配する様を描いており、デボラがリーダーシップを発揮するまで、それはイスラエルの「農民」（七節、なお一一節を参照）の苦しみにつながっていた。七節のＮＩＶは、ヘブライ語テクストにより近いと思われ、カナン人の抑圧の結果をより明確に伝えている。

イスラエルにおける村の生活は絶えた、
わたし、デボラが立ち上がるまで絶えた、
イスラエルの母が立ち上がるまで。

要するに、カナン人による支配はイスラエルの民の存在を脅かした。ソッジンは、二節のデボラとバラクの歌の冒頭を次のように訳している。

イスラエルにおいて民が自由を取り戻したので、
民がすすんで身をささげたので、
ヤハウェを祝福せよ。

（Soggin, 81）

この詩文は事実上、解放の神学である。それは死をもたらす脅威を描き出し、あらゆる公算に反してそこから救助されたことを祝う（八節を参照、そこでは、イスラエルの民が事実上、武装していなかったことが示唆されている。四・三を参照)。

二節と九節が示唆しているように、カナン人の脅威に対抗するには、「すすんで身をささげる」すべての民の参加が求められる。この詩文は、「すすんで身をささげ」た人について神に感謝し(二、九節)、部族名で彼らをたたえる(一四―一五b、一八節)。一部の者たちがこの行動に貢献しなかったことも認識されており、部族名ないし集団名を挙げて批判されている(一五―一七、二三節)。統一行動の欠如もまた、前一二〇〇―一〇二〇年の時代のあり得る歴史的な現実を反映している。組織化された中央集中の「部族連合」は、ほぼ間違いなく存在しなかった。むしろリーダーシップは、より局地化された臨時のものであった。士師記がより組織化された政治構造の印象を与えているとすれば、これはより古い物語や伝承が、後にいわゆる申命記史家によって編集された結果である(序論の二bを参照)。

士師記、特に四―五章が明確に示しているように、自給自足経済の必要性と並んで、初期イスラエルの社会的、政治的な組織のまさにこの緩慢さによって、女性たちがイスラエルの民の生活の中で主要な役割を果たすことができた理由が説明されよう(序論の三dを参照)。四・三で言及され、五・六―八で描き出される抑圧的な状況は、「デボラがイスラエルの母として立ち上がる」ことによって逆転した(七節)。「イスラエルの母」とは、デニス・オルソンがサムエル記下二〇・一六―一九を引用して主張しているように、一種の役職として理解できるかもしれない(Olson, 787)。デボラはある種の公的な法の権威として機能したということである。しかし四・五の最後の句は、「イスラエルの民は正義を求めて彼女のもとにやって来た」と訳せる。そしてこの句は、民は死をもたらす抑圧的な状況の中で、死からの救助と、神が意図する生命を支える状況――一言で言えば正義――の回復をもたらすデボラの助けを求めていたことを意味していると理解できる。この観点から見ると、「イスラエルの母」とは実質的に、イスラエルに新しい生命を与え、その生命を維持する状況を育んだデボラの営みを示唆している。いずれの場合にも、「イスラエルの母」という称号は、民によるデボラに対する栄誉と感謝を表している。

当然のことながら、ヤエルにも同様の栄誉と感謝がささげられ、「女たちの中で最も祝福される」と言われている（二四節）。詩文でのヤエルによるシセラ殺害の報告は、物語での報告よりも短く、物語の著者（たち）はおそらく、五・二四―二七を資料として用いたのだろう。二七節において、シセラは横たわっていたのではなく立っていたことが示唆されている点を除けば、詳細は一致する。しかし場面の描写は詩的であることから、これを写実的に捉える必要はない。シセラは倒れて、ヤエルの足元に――より文字通りには、「彼女の足［ないし両足］の間に」――「横たわっていた」と言うことで、詩人はこの場面の性的な次元を示唆している。潜在的な強姦者が、潜在的な犠牲者によって征服されているのである。すなわち詩人は、四・一七―二二の物語でも明らかなこと――シセラの「女性化」（上記参照）――に寄与している。

二七節における二つの鍵語が、「かがみこんだ」と「倒れた」である。これらはいずれも三回にわたって、詩文平行にそれぞれ一度ずつ現れる。これは、徐々に崩れ落ちる様を視覚的に再現する効果があるのかもしれない。しかし詩文はまたしても写実レベル以上のものを伝えている。ヘブライ語語根 *nāpal*「倒れる」は普通、打ち負かされた戦士たちに起こることを描くのに用いられる（レビ記二六・八、サムエル記上一八・二五を参照）。従ってこの詩人は、ヤエルが力強い軍人であるシセラを打ち負かしたことを強調して表している。すなわち、シセラが倒れたのが文字通りであるとすれば、これは比喩的でもある。

「かがみこむ」と「倒れる」という二つの語が、詩編二〇・九に揃って現れることは示唆に富む（ＮＲＳＶ

〔八節〕では collapse and fall〔新共同訳は「力を失って倒れる」〕)。そこでは、神の「油注がれた者」たる王の敵に起こることが描き出されている。当然のことながら、王たちに特に委ねられていたのは、抑圧者を打ち砕くことによって、貧者や弱者のために正義と公正を成立させ、具現化することであった(詩編七二・一―七、一二―一四、特に四節を参照)。すなわち、ヤエルによるシセラ打破は、抑圧者を打倒することによって、正義と公正を確立する王の役割を彼女に割り当てているのである(士師記四・三を参照)。デボラとバラクの歌全体は、歌の前半部分の一一節における祝福の要約が示唆しているように、本質的には神の正義と公正の確立を祝うものである。祝われるのは、「主の勝利」(強調著者)である。しかし「勝利」〔新共同訳は「救い」〕と訳されている語は、より文字通りには「公正」ないし「公正の業(righteous acts)」(NIV)である。要するに、ヤエルの行為が成し遂げることは、デボラとバラクのそれと並んで、神が望む正義と公正の確立であり、それは抑圧者が打倒された時に達成される。

ヤエルが、後の王たちと同じく、正義と公正を求める神の意志の体現として描かれていることは、彼女が「女たちの中で最も祝福される」(二四節)と言われている所以を説明する。この呼称は、エリサベトによるマリア――彼女は王の子を産むことになると言われていた(ルカ一・三五の「神の子」は王の称号。詩編二・七を参照)――に対する、「あなたは女の中で祝福された方です」(ルカ一・四二)という宣言を予見している。偶然でなく、マリアは直ちに歌、すなわちマリアの賛歌(Magnificat)を歌う。それは、デボラとバラクの歌と同じく、神による抑圧者の打倒を祝している(ルカ一・五一―五三)。

かれはその腕で力を示した。

かれは思い上がる者を打ち散らした。
かれは権力ある者をその座から引き降ろし、
低い者を高く上げた。
かれは飢えた人を良い物で満たし、
富める者を空《から》で追い返した。

ヤエルによるシセラ殺害の詩的な報告は、特に五・二七の動詞「かがみこんだ」と「倒れた」の繰り返しによって、ヤエルが「権力ある者をその座から引き降ろした」ことを明らかにしている。

一人の女によって打倒されたシセラの力は、これに続く行において強調されており（二八―三〇節）、それは読み手の注目をもう一人の女、シセラの母に向けさせている。一見すると、これらの行はイスラエルの民の満悦のように見える。イスラエルの民が歌って祝っている間、シセラの母は彼女の息子の所在を問うだけで孤立している。しかしシセラの母が彼女自身の問い（二八節）に出した答え（三〇節）は、士師記四―五章（また士師記全体）を通じて何が危機にさらされているのかを明らかにしている。シセラの母が思い描くのは、彼女の息子が、どう見ても彼が有している力と権力を行使している様である（四・三、また五・一三、二三の「勇ましい」を参照）。この戦いの前は、シセラとカナン人が明らかにイスラエルの民を二十年にわたって略奪してきたのであり（四・三）、この戦いの結果は、シセラの母が想像するに、同じことを一つ増し加えるだけのものであった――それは彼女の更なる利益と彼女の生活の質の向上であった（三〇節）。

イスラエルの民は、既に残酷な抑圧に直面しており（四・三。なお五・六―七を参照）、彼らの犠牲が、デボラやイスラエルの民が抵抗する動機となった。強力な者がどれほど残酷となり得るかは、シセラの母が彼女の息子とその軍によるイスラエルの民の更なる略奪をどのように想像しているのかによって示されている。すなわち、「それぞれの男に一人か二人の女」（三〇節）、あるいはより文字通りには、「それぞれの男に一つか二つの胎」である。この文字通りの翻訳は、ヤエルによるシセラ殺害の報告の性的な意味合いを想起させる。すなわちこれは、ヤエルやイスラエルの女性たちにとって、強姦されないための抵抗であった。強力な者によるこのような残酷な抑圧の状況では、その強力な者は何らかの形で打倒されねばならない。シセラの母親が描き出す強力な者の行為の生々しさもまた、問題が最終的には、神が思うままの正義をもたらすことであり、それは抑圧者への反対を意味することを示している。

上で述べたように、士師記四―五章において正義と公正が中心にあることは、ヤエルの行為が、デボラとバラクのそれと並んで、最終的には神の行為として描かれている所以を説明する。この使信は、四・二三においても明確であり、そこではヤエルによるシセラ殺害（四・一七―二二）の直後に、語り手が次のように語る。「神はその日、カナンの王ヤビンをイスラエルの民の前で屈服させた」（強調著者）。デボラ、バラク、ヤエルと共に、神の業が行われたのである。要するに、真の救助者は神であり、これは語り手が人間の登場人物を決して救助者と呼んでいない理由を説明しているかもしれない。士師記を特徴付けているパターンからのこの乖離（二・一六、三・九、一五、三一を参照）は、四章における行為のすべてが、実際には神の活動であったと強調するのに寄与している（特にYairah Amit, 101-4を参照）。

同じ使信は、別様に表現されているものの、五章において明らかである。何よりも重要なのは、詩文が「主をほめたたえよ」（二節。なお九節を参照）と神をたたえる歌として始まっていることである。士師記四章から五章への移行は、出エジプト記一四章から一五章への移行と同じである――すなわち、神によって民が抑圧から救助されたことの報告の直後に、神をたたえる歌が続く。いずれの場合も、認められ、祝われているのは、神の主権である。このことは、出エジプト記一五・一八の「主は代々限りなく統べ治められる」という記述において明らかである。そしてこのことは、士師記五・三で明らかに暗示されており、そこでは「王たち」や「君主たち」が神への賛美を「聞く」よう促される。神への賛美は本質的に、神の主権を認め、従順を告白することである（詩編四七・六―八を参照）。ここに最も力強い地上の主権があり、「王たち」や「君主たち」は神の主権を認めるよう促されているのである。

その直後に続く神顕現、神が出現する様の描写（四―五節）が果たす機能は、宇宙規模の神の主権を描き出すことである。申命記三三・二も神がシナイとセイルからやって来るのを描き出す。しかし地理的な言及よりも重要なのは、神が去来するときに起こることの描写である。天地すべてが影響を受ける。神は宇宙の主権者だからである。四―五節の言葉遣いは、他の神顕現におけるそれに似る（詩編一八・八―一六、二九・三―九、五〇・一―六、六八・八―九、九七・一―五、九九・一など）。これらの神顕現のいくつかが、神の統治を確かめることで、あるいは神を王として語ることで神の主権を明示的に祝う詩編に見られ（詩編二九・一〇、六八・二五、九七・一、九九・一を参照）、またそれらの内のいくつかが、宇宙の主権者の望むものが正義と公正であることを明らかにしている（詩編五〇・四―六、六八・六―七、九七・二、六、九九・四を参照）のは驚くに値しない。要するに、士師記五・四―五の神顕現は、四―五章で描かれているすべての行為の背後に神がおり、それが最終的には神が意図する生命の確立と関わるという結論を強めているのである。

士師記五・四で繰り返されている語が、「滴らせる」である。この語は、詩編六八・九の神顕現にも見られる。

しかしこの語がここで特に相応しいのは、水が勝利に大きな役割を果たしている一九―二一節を予見しているからである。キション川は、四・七、一三で言及される。しかし四章では、その「流れ」（五・二一に三回）が戦いに参与したことを示唆するものはない。しかし思い起こさなければならないのは、五章が詩的な報告だということである。要点は、神の主権下にある宇宙の要素が、抑圧されているイスラエルの民の側について戦いに加わることである。「もろもろの星」までも、「その軌道から……シセラと戦った」（二〇節）。詩人が給しているのは明らかに、戦いの微に入り細を穿つ報告以上のものである。この詩人は、全宇宙が、神の主権が望むものの確立を志向していることを示唆している。

水の役割を含む戦いの宇宙的な次元は、出エジプトの報告を想起させる（出エジプト記一四・二一―一五・二一を参照）。そこにも、宇宙的な要素が含まれている。神は水を司り（出エジプト記一四・二一、二六―二九、一五・四―五、八）、士師記五・一九―二一と同じく、水は敵を一掃する。テレンス・フレットハイムが、出エジプトの報告が持つ宇宙的な次元に基づいて導き出した主張は、出エジプトは単なるファラオに対する局地的な行為ではなく、むしろ神の創造目的の成就を含むものだということである（Fretheim, *Exodus*, 12-14〔フレットハイム『現代聖書注解　出エジプト記』三六―三九頁〕）。この観点から見れば、「激しい東風」（出エジプト記一四・二一）によって水が押し退けられるのは偶然ではなく、これは創世記一・二の「水の面を動いていた」「神の霊」を想起させる。風が水を押し退けると、「乾いた地」（出エジプト記一四・二一）が現れ、これは創世記一・九―一〇の「乾いた所」を想起させる。換言すれば、出エジプトは創造の更新として描かれており、それは神の目的が全地へと成就することに関わる出来事である。

同じことが、士師記五・一九―二一、ならびに士師記四―五章のヤビン王とシセラの打倒について言える。この挿話は、単なるヤビンとシセラに対する局地的な行為ではない。むしろ創造に始まり、出エジプトを含むより大きな軌道の一部であり、これには後に、イスラエルの王たちがファラオ、ヤビン、シセラのような抑圧者となった時の神によるイスラエル自体の打倒が含まれる。士師記の形態や進展は、より大きな正典上の文脈と共に、神はイスラエルであれども依怙贔屓しないことを明らかにする。むしろ神は、正義と公正の側にあり、これは神が抑圧者に反対することを意味する（序論の三と四を参照）。物語には、この真実を表す少なくとももう一つの示唆が含まれている――すなわち、「女たちの中で最も祝福される」のがヤエルであり（五・二四）、彼女はおそらく、イスラエル人でさえないのである。

いずれにせよ、詩文の最終節（五・三一）が示唆しているように、ヤエルは、デボラとバラクと共に、神の友の一員である。この最終節は現代の読み手に対して、自分もまた神の敵である抑圧者を打破する神のはたらきにおいて神に参与し、神の友の一員としての座を得るための方法を考えるよう暗に促している。

六・一―八・三五　ギデオンと主権をめぐる問い

ギデオンという名前は、「叩き砕く者（Hacker）」を意味し、他の箇所では偶像崇拝的な像ないし聖所を叩き砕く行為を表すのに用いられている動詞に由来する（申命記七・五、一二・三、歴代誌下一四・三、三一・一の

「切り倒す」や歴代誌下三四・四、七の「打ち砕く」を参照）。このヘブライ語の動詞は、士師記においてギデオンの物語ないしその他の中でこの意味で用いられてはいない。しかしその意味合いは、ギデオンによるバアルの祭壇の破壊を想起して祝うために、「ギデオン」という名前の背後に横たわっている（六・二五—三二）。

士師記や、より大きく旧約聖書にとって、バアルの祭壇を叩き砕くギデオンの行為は、曖昧なく肯定的なものであり、神が常に望む排他的な忠誠や（出エジプト記二〇・一—六を参照）、士師記の中でかつて神がイスラエルの民に行うよう命令していたことに沿うものである（二・二）。それでもなお、Hacker〔叩き砕く者〕という英語がかなり曖昧であることは適切であると思われる。これは何かを巧みかつ上手に行う人を表すことができるし、あるいは何かを不注意かつ不十分に行う人を表すこともできる。「叩き砕く者」という語の曖昧さは、六—八章におけるギデオンの特徴を適切に言い表している。ギデオンは、いくつかの明らかに良いことを行うが（八・三五を参照）、著しく悪いことも行う。

肯定的な面では、上で述べたように、ギデオンは神の命令に従ってカナン住民によって建てられた祭壇を切り倒し（二・二。なお六・二五を参照）、彼のリーダーシップは、ミディアン人の打倒と四十年間の「平穏」の回復をもたらす（八・二八）。しかしこれは、士師記における最後の「平穏」の達成である。ギデオンの後、状況は著しく悪化し、それはギデオンの息子アビメレクに始まり（九章）、エフタ（一一・一—一二・七）やサムソンに続き（一三—一六章）、一七—二一章の完全なる混沌で最高潮に達する（序論の二cを参照）。しかし、ギデオンが「イスラエルに行った良きこと」（八・三五）と並ぶ「平穏」の注記（八・二八）にもかかわらず、ギデオン自身の生涯において既に、この負のスパイラルは始まっている。最も顕著なこととして、偶像の祭壇を切り裂くことでスタートを切ったギデオンが、その経歴の締め括りに向けて偶像崇拝を再び導入している。彼が作った「エフォド」は、「罠」となる（八・二七）。この言葉は二章にも見られるが、ここでは否定的な意味である（二・三を参照）。加えて、ギデオンの不忠実の増大を表すより微細な兆候もあり、それらのすべてが士師記のその他部分を特徴付ける漸進的な劣化を示している。これらの兆候については、以下の注解部分で述べる。

J・ポール・タナーが主張するに、ギデオンの物語は、士師記を特徴付ける精巧な交差対句法的な構造の焦点である。この対称性が士師記に本当に見られるかは意見が分かれるが、「ギデオンの物語がこの文書の神学的な発展に稀有な寄与を果たしており」、それが「突出した分岐点となっているように見える」（Tanner, 150）というタナーの結論はほぼ正しいであろう。上で既に述べたように、分岐点には、ギデオン自身の生涯において既に始まる漸進的な劣化が含まれる。ギデオンは、最初にバアルの祭壇を破壊したときの方向性に反して、神の意志に従うのとは対照的に、自分自身の意志をますます主張するようになる。彼は最終的に、本格的な偶像崇拝者となり、民――彼がかつて助け出した――をも偶像崇拝へと導くのである。要するに、神学的な問題は、士師記の冒頭から変わることなく、主権である（序論と一・一―二・五についての注解を参照）。ギデオンは、そしてイスラエルは、神の主張の優位性や神の意志の中心性を認識しようとしているのだろうか。あるいは彼らは、偶像崇拝と自己主張という一対の罪へと確実に陥り、混沌とした破壊的な結果を不可避的に招来しようとしているのだろうか。

士師記全体が主権の問題に関わることは確かであるが、ギデオンの物語――これは本文書の流れにおける転換点で、おそらくはその焦点であり、いずれにしても本文書内の最も大きな素材部分の一つ――がこの問題を強調しているのは驚くに値しない。この問題は、ギデオンの物語における挿話の結論と結末で最も明白であるが（八・二二―三五）、事実上、物語ならびに文書全体に浸透している。

六・一―三二　ギデオンの召命とギデオンの良き始まり

物語は、本文書を特徴付けているパターンの繰り返しによって、予期する通りに始まる――民の「悪」（一節、なお二・一一、三・七、一二、四・一、一〇・六、一三・一を参照）と、その結果としての敵による抑圧である。今回の敵は、ミディアン人とアマレク人である（出エジプト記一七・八―一六、民数記三一・一―一二、申命記二五・一七―一九を参照）。四章と同様、新たな抑圧の詳細が述べられているが、今回はより徹底的である（六・二―六）。これは、物事が悪化していることの最初の示唆である。事実、イスラエルは「甚だしく衰えた」。しかしこの「衰えた」者たち（詩編八二・三、四の「弱い者」、詩編一一三・七、アモス書二・七、四・一、八・六の「貧しい者」を参照）は、イスラエルの民がここで再びそうしているように、特に助けを求めて叫ぶ時に、神が好意を示す者たちである（六節、なお三・九、一五、四・三を参照）。士師記におけるこれまでの物語と同じく、神が行為する。そしてこのパターン自体が、突出した神学的な重要性を持っている。「悪」を行い続ける者たちであっても、自分で自分に抑圧をもたらした者たちであっても、神の救済行為の受け取り手になるのである。すなわち、士師記におけるパターンは、恵み深くないといられない神を描いている。出エジプトの神は、士師記を通じて一連の新しい出エジプトを成し遂げ続けているのである（序論の三と四、また二・六―三・六についての注解を参照）。

しかし今回の場合、またしても四章と同様、神はミディアン人とアマレク人を打倒するために即座には行動に移らない。パターンに修正が加えられている。四章では、イスラエルの民が叫びを上げた後、デボラが紹介される。彼女は預言者としての役割を担うと、即座に民の救助につながる行動を開始する。六章では、民が叫びを上げた後、修正されたパターンにも預言者の紹介が含まれている。しかしこの場合、預言者が行うのは民の救助ではなく、むしろ民の懲らしめである――これもまた、物事が悪化していることの微細な示唆の一つである。

二・一―五の御使いと同じく、六・七―一〇の預言者はエジプトからの脱出と土地の授与を想起させる。これら二つの恵み深い業は、民による神への排他的な忠誠と献身という結果をもたらすべきものであった。そして事実、士師記は、民が契約に忠実になることを三度にわたって約束した直後に始まる（ヨシュア記二四・一八、二一、二四を参照）。しかしそれは実行されなかった。二・一―五で御使いが予見したように、民は彼らに対する神の主権の主張を認めなかった。その代わりに、彼らは他の神々に忠誠を誓った（六・一〇）。

今や預言者と御使いの両方が救助を途に就かせるよう求められているという事実は、物事が悪化しているまた別の兆候かもしれない。しかしこのように神のはたらきの力が増しながらも、物事はむしろゆっくりと推移する。ギデオンは、協力的でも忠実でもないことを示す。「主の御使い」（六・一一―一二）が単に「主」となってギデオンに直接語りかける時でも（六・一四）、ギデオンは質問、言い訳、証拠の要求で応答する（六・一五―一七）。

確かに、そのように振る舞うことで、ギデオンは実に良き一団へと加えられる。事実、六・一一に始まるギデオンの物語は、さまざまな形でヤコブ、モーセ、エリヤの物語を連想させる――そのような実情から、A・グレーム・オールドは、少なくとも物語のこの部分は士師記への後代の付加であり、他の旧約聖書の英傑たちの物語を特に想起させるために書かれたと結論付けた（Auld, 263-67）。もしそうであれば、「旧約聖書における最重要人物たちとの一連の関連は、イスラエルの士師や救助者としてのギデオンの務めへの大いなる期待を生む」（Olson, 797）。しかし残念ながら、ギデオンの物語は、それが始まる時と同じような好調では終わらない。

御使いによるギデオンへの最初の挨拶は、ギデオンのその後の反応が示すように、二つの点で驚くべきものである。第一に、「主はわたしたちと共に」という言葉が現れない（六・一三）。そして第二に、ギデオンはミディアン人から隠れて日常生活を送ろうとしており（六・一一）、「勇者」（六・一二）のようには見えない。「なぜ」（一三節）というギデオンの最初の質問は、民が行った「悪」（六・一）を都合よく見過ごしている。御使いも神も、この質問に答えようとはせず、それが今は不適切であることを示唆している。ギデオンが得る「答え」は、命令であり（六・一四）、それは、神が共にいることについての先の保証と同じく（六・一二）、モーセの物語を想起させる（出エジプト記三・一〇を参照。そこに現れる「行きなさい」と「遣わす」は、士師記六・一四で「行きなさい」と「遣わす」と訳されている動詞と同じである）。要するに、ギデオンは、一種の新しい出エジプトを率いるという任務を負わされているのである。

モーセと同じく（出エジプト記三・一一）、この任務に対してギデオンは最初、別の質問をして反応する（六・一五）。ギデオンは気付いていないようであるが、後に学ぶことになるのは（七・二―八を参照）、「最弱」、「最小」は、神にとって問題ではないということである。事実、神はそのように位置付けられた者たち――ヤコブ、サウル、ダビデ、そして後にはコリントの人々（Ｉコリント一・二六―三一を参照）――に好意を示すのであり、「それは、だれ一人、神の前で誇ることがないようにするためである」（Ｉコリント一・二九。なお士師記七・二を参照）。ギデオンの異議に対する神の反応は、モーセの異議に対して神が与えたのと同じ約束である。すなわち、「わたしがあなたと共にいる」（一六節。なお出エジプト記三・一二を参照）。

モーセと同じく、ギデオンは「しるし」（一七節）を必要とする。この点において、物語の詳細はヤコブの経験を想起させようとしており、またエリヤのそれを予見する。バアルの預言者たちとのエリヤの争いの物語と同じく（列王記上一八・二〇―四〇、特に三六―四〇節を参照）、火が食物を食い尽くす。そして当然のことながら、ギデオンがバアル信奉者たちと戦うために呼ばれることになるのも偶然ではない。この出来事に対するギデオンの反応は、ベテルでのヤコブの経験における反応を思い起こさせる（創世記二八・一〇―二二）。ヤコブはそこで、本箇所のギデオンと同じく、祭壇を建てる――ペヌエルでのヤコブの経験も同様であり、彼はそこで「神を顔と顔を合わせて」見た（創世記三二・三〇。なお士師記六・二二を参照）。この時点でヤコブは「イスラエル」となり（創世記三二・二八）、神の召命を受け入れる準備が整う。ギデオンも、「顔と顔を合わせて主の御使い」と会ったことで（二二節）、準備が整う。

そうであっても、また「恐れるな」（二三節）という神の忠告にもかかわらず、神が「バアルの祭壇を壊す」（二五節）よう語ったときのギデオンは、まさに勇敢でも、度胸者でも、大胆でもなかった。事実、彼はまだ「恐れて」いた（二七節）。しかし彼は「夜中」の内ではあったものの、「主が彼に語ったとおりに行った」（二七節）。当然のことながら、この行為はすぐに発覚し、町の民は怒る（二八―三〇節）。バアルの祭壇はギデオンの父のものだった――おそらくは、イスラエルの民の間で物事が更に悪化していたことの別の示唆である――にもかかわらず、父は彼の息子を守る。ギデオンは明らかに、改宗者を少なくとも一人は得ている。そして明らかにこの父のリーダーシップによって、町民は介入しないよう説得される。エリヤと同じく、ギデオンはバアルとその信奉者たちの面目をつぶした。それゆえに、ギデオンの別名はエルバアル「バアルに争わせよ」であり（三二節）、ある学者たちは、これが物語における彼の元来の名前であったと結論付けている（特に、旧約聖書の他の箇所で士師記六―八章が示唆される際、ギデオンよりもむしろエルバアルと言われているからである。サムエル記上一二・一一、サムエル記下一一・二一を参照）。

ここまでは順調だった。ギデオンは恐れたままではあったが、神の命令に従って、主への崇拝の復興を始める。その土地の神々の祭壇を壊すことは、士師記において契約への忠誠を証するために民に定められた術である（二・一―三を参照）。更に、ギデオンは「主のための祭壇を築き、『平和の主』と名付けた」（二四節）。換言すれば、民と土地に安寧が訪れるのは、バアルに抗して、カナンの体制が解体されるときである（序論の三bを参照）。従ってギデオンは、「士師」が根本的に意味することを行っている。彼は「正義をもたらす者」として行為しており、その結果は常に、シャローム、すなわち「平和」ないし「安寧」である（序論の二aと四を参照）。しかし当然のことながら、行われるべきことはまだある。ミディアン人とアマレク人が脅威として残っている。ギデオンは彼らの打倒に成功する。しかしその過程で、ギデオンのこの良い始まりが持続しないことを示すいくつかの微細な兆候がある。ギデオンの物語が本当に士師記の転換点であるならば、これらの兆候は、物事が間違った方向を向いていることを示唆している。

六・三三―八・三　「主のために、ギデオンのために」　ミディアン人とアマレク人の打倒

曖昧なく良いことに見えるもの――「主の霊がギデオンを覆った」こと（六・三四）――が、実は問題あるものであることが明らかになる。このことは、イスラエルの民の間での状況の漸進的な劣化や、まさしくギデオンの悪化への転換を示唆しているのかもしれない。「主の霊」が三・一〇で最初に登場したとき、それは最初の士師オトニエルをとらえる。そして即座に救助が続く。しかしここでは、霊がギデオンをとらえたとき、ギデオンが角笛を吹くと諸部族がうまく機能したという吉兆にもかかわらず（六・三四―三五）、ギデオンは躊躇する

（六・三六―四〇）。明らかに霊は、人間の関与を離れては効力を発揮しない（一一・二九―四〇と一三・一―二五についての注解を参照。後者についてはリチャード・G・ボウマンからの引用を含めて）。

ギデオンは別のしるしを必要とする。そこで彼は、神が最初のテストに見事に合格し（六・一七―二四を参照）、最初にバアルとその信奉者たちに対して成功し（六・二五―三二）、直近で「主の霊」が現れたにもかかわらず、別のテストを提案する。主が再び問題なく合格するテストの詳細は、ギデオンがまだなおテストを必要としたという事実以上の重要性はない。ロバート・G・ボリングは次のように指摘する。

この点において、士師時代の描写は不条理な現代劇に似始める。ギデオンは、戦いの前に余計な神の「然り」あるいは「否」を求めることで、彼の節度ある士師としての責任を食い物にしている。もちろん聴衆は大抵の場合、実際にギデオンあるいは別の誰かが最初に戦わずとも、その後に続くのがヤハウェの勝利の輝かしい記事であることを知っている。（Boling, 141）

要するにギデオンは、少なくとも若干滑稽に見え始めている。彼はより忠実になるのではなく、より不忠実で、より恐れるようになっているようである。事実、この状況が示唆するに、七・一に挙げられている地名は地理的なもの以上の重要性を持っている。ギデオンと彼の軍は、「エン・ハロドのほとり」に陣を敷くが、この名は三節で「おののいている」と訳されている語とほぼ同じである。敵がいるのは「モレの丘」あるいは「教師の丘」のふもとであり、これはおそらく、ギデオンが、ミディアン人の兵士が仲間に夢の解釈をするのを聞いたときが、攻撃に移る時であることを予見している（七・一三―一五）。

攻撃の前に、ギデオンの軍は、戦いのための準備を整える必要がある（七・二―八）。ギデオンのこれまでの恐れ（六・二七）や、彼が恐れたままでいるという事実に鑑みれば（七・一〇）、七・二―八における最も驚くべき側面の一つはおそらく、ギデオン自身が帰宅しなかったことである（七・三）。軍を準備するための戦略は、申命記二〇・一―八に則ったものである。それによれば、神の民の兵士は「恐れてはならない」、なぜなら「あなたの神、主はあなたと共にいる」からである（一節）。「恐れている、あるいはひるんでいる者は……家に帰りなさい」（八節）。それでも、ギデオンは留まり、一万人も残る。しかしこの数は「まだ多すぎる」ため（七・四）、軍は救助を神から離れて自分自身の「手柄とする」（二節）危険がある。物語が進むと、これが根拠のない懸念ではないことが分かる。

いずれにせよ、神は、ギデオンの軍隊の規模を縮小するための更なる戦略を準備している。この次のステップに関して、ソッジンが結論付けているように、「このテクストの特徴に関しては、かなりの混乱がある」（Soggin, 137）。要するに、ここで神の心の内にあることは誰も知らないのである。それと関連するのは、ギデオンが最終的に兵力を途方もなく小さくしていることである――三百人が、総数十三万五千以上のミディアン人とアマレク人の兵士と対峙するのである（八・一〇を参照）。これは間違いなく、誉れが神から離れる危険がないことを確実にするものであった。これこそが結局のところ、この明らかに誇張的で様式化された、またすべての「聖戦」規定の神学的な核心である――ありとあらゆる勝利が神の賜物であることを確証しているのである。

「聖戦」の指針が申命記二〇・一―八にあり、神による勝利の約束が士師記七・九にあるにもかかわらず、ギデオンは未だに恐れており、神はそれを知っている（七・一〇）。そこで神は、並外れた自制と忍耐を示して、ギデオンを安心させるもう一つの案を講じる（七・一〇―一五）。ギデオンは敵の陣営に忍び込み、盗み聞きをする。彼が聞いたのは、一人の兵士が見た奇妙な夢と、仲間によるその解釈であり、それはギデオンに「神がミディアンと全軍を渡した」ことを意味した（一四節）。これを聞いて、大麦の丸パン氏（一三節を参照）は戦闘の準備が整う（七・一五）。おそらくギデオンは、敵の士気の低さの証拠によって勇気付けられたのだろう。しかしいずれにせよ、タナーが結論付けているように、「皮肉が効いている。すなわちギデオンは、［勝利の］約束を神から直接聞くことによってではなく、それをミディアン人の兵士から聞くことによって確信を得ているのである」（Tanner, 159）。

この観点から見ると、七・一五のギデオンの反応は、ギデオンが今や「神への完全な信頼」を持ち、「恐れから信仰へと移った」ことの証拠である（Tanner, 160）。このことは、特に後続する実際の攻撃の報告（七・一六―二二）に鑑みるに、適切な結論のように見える。例えば、ギデオンが採る突飛な軍事戦略――松明、水がめ、角笛を武器とする――は、このような奇妙な戦術によって三百人が十二万人の打破を可能にするという責を負えるのは神のみであると結論付けるよう読み手を導くために企図されているように見える。確かに、夜襲は、驚くほど効果的となり得る。しかし、「わざとらしい非現実性の目的」が示唆しているのは、この「勝利が葦の海のそれときわめて似たものだった」ことであると結論付けるボリングは真を穿っていよう（Boling, 147-48）。要するに、士師記五章の詩文がデボラとバラクの勝利に関して示しているように（士師記五章についての注解を参照）、現実に戦って勝ったのは神である。本事例の場合には、七・二二が、一種の新しい出エジプトをもたらす「誉れ」（七・二を参照）に値するのが神であることを明示している。

それでもなお、ギデオンは「恐れから信仰へと移った」ように見えるが、実際の状況はより複雑かもしれない。「主のために、ギデオンのために」（一八節）と「主のために、ギデオンのために剣を」（二〇節）という二つのギデオンの戦いの叫びは、ギデオンが恐れから自己主張へと移ったことも示唆しているのかもしれない。ある視点から見れば、ギデオンは単に強い軍事的なリーダーシップを発揮しているのかもしれない。しかし彼は勝利の「誉れ」（七・二）の少なくともいくらかを得ようと望んでいるようにも見える。これは良いしるしではない。既に上で述べたように、士師記六―八章の主たる問題が主権であるとすれば、ギデオンは神を完全に主権者であると見なすことを望んでいるようには見えない。上で述べたように、士師記六―八章が転換点であるとすれば、ギデオンは誤った方向に転換しているように見える。この疑念は、八・四―三五で確証される。

しかしながら八・四―三五へと移る前に、ギデオンが七・二四―八・三ではまだ良い様相を呈していることを指摘しておこう。例えば、彼は戦いの終結に参与させるべく、いくつかの部族を呼び集めている（七・二三）。エフライム族は明らかにミディアン人に対する作戦に参加していたにもかかわらず（七・二四―二五）、彼らは除外されたと考えているようである（八・一）。ギデオンは、彼らの不平に対処するため、紛争の有能な処理者となって、「誉れ」（七・二）を正しく神に与え、エフライムの人々の方が彼自身よりもはるかに多くを成し遂げたと謙虚に示唆している（八・二―三。エフライムの人々が一二・一―六で同様の訴えをしたときのエフタによる暴力的な結末と比較されたい）。従って、後の八章におけるギデオンの振る舞いには、より大きな驚きと困惑を覚えるのである。

八・四―三五　ギデオンの悪化への転換

既に上で述べたように、ギデオンによる戦いの叫び（七・一八、二〇）は、増大する彼の信仰が、神と同等に彼自身に基づいていることを示唆しているように見える。ギデオンは、八・一―三では明らかに神に忠実で、他者を前にして謙虚であるにもかかわらず、八・四―二一では驚くほどに自己主張的で高慢であることが分かる。また八・二二―二三では神の排他的な主権を確証して適切な神学を表現しているにもかかわらず、その後の彼の行動は、自分の言葉に背いている（二四―二七節）。その結果として、ギデオンが犯した誤った方向転換は、「全イスラエル」をも誤った方向に導く。ギデオンの物語の最後には、「ギデオンの時代四十年にわたって国は平穏であった」（二八節）という注記があるにもかかわらず、ギデオンはイスラエルの民を、最初に引き離したもの――偶像崇拝、主とは異なる別の者ないし物への崇拝――へと戻したように見える。これが「罠」となる（二八節。なお二・三を参照）。確かに、ミディアン人とアマレク人は排除された。しかし九章と並んで八章の結論が示しているように、内部からの脅威は、外部からの脅威と同じくらいに悲惨になり得る。

四節では、読み手が予期していたこと、七・二―二五が実際に示唆していたことが確証される――すなわち、神は実は戦いのすべてを行わなかったのである。あるいは、既に上で述べたように、「聖戦」のパターンは様式化された報告であり、それによって意図されているのは、イスラエルの勝利の「誉れ」（七・二）のすべてが神のみに属するのを確証することである。しかしギデオンが八・四―三五で忘れているように見えるのが、まさしく神の主権の主張に関するこの教えである。ギデオンは次のように言って、スコトの人々への食糧の要求を裏付けている。「わたしは、ミディアンの王ゼバとツァルムナを追っているところだ」（五節。強調著者だが、注目すべきは、ヘブライ語の構文上、動詞は能動分詞で、一人称の人称代名詞があることから、「わたしは」が強調されている）。ギデオンはその後、ゼバとツァルムナの打倒における主の役割について言及しているものの（七節）、彼は「誉れ」が実際には彼一人のものであることを示すような形で行動する。

「主がゼバとツァルムナをわたし［ギデオン］の手に渡した」（七節）ことの証拠を求めるスコトとペヌエルの人々の願望を何者かが理解したとすれば、それはギデオンだったはずである。そもそもかつてのギデオンは神の救済行為について、繰り返し、より劇的な証拠を必要としていた（六・一七―二四、三六―四〇、七・一〇―一五を参照）。しかし彼は、スコトとペヌエルの人々に共感しない。八・二―三に見られた謙遜や紛争処理能力は一切ない。ギデオンによるゼバとツァルムナの殺害（八・一八―二一）は、敵の殲滅という「聖戦」規定の一部として理解できるかもしれないが（申命記二〇・一六―一八を参照）、ギデオンによるスコトの人々への対処（一六節）、ペヌエルの人々の殺害について、同じことは言えない。この振る舞いが神によって指示されたものであったことの示唆は全くない。むしろ、どう見ても自己中心的に動機付けられた個人的な復讐である。一六節のテクストの異読は注目に値する。一六節の読みに関して、ＮＲＳＶが七節にならって、いくつかの写本伝承に従っているのは理解できるが、「教えた」というヘブライ語の読みも興味深い（ＮＲＳＶの注を参照）。ギデオンは実際にスコトの人々に「教える」つもりで、その教えは次のようなものだったように見える。「お前たちは私に逆らってただでは済まない。私は力強い者だからである」。

この教えを学んだのは、明らかにスコトの人々だけではない。八・二二では、イスラエルの民がギデオンに次のように頼む。「我々を治めてください……ミディアン人の手から我々を救ったのはあなただからです」（強調著者）。八・四―二一におけるギデオンの振る舞いを顧慮すると、この民の結論は論理的なものである。これらの節で、ギデオンが神の主権を証することはほとんど、ないし全くない。むしろ彼は傲慢で、無慈悲な自己保身者で、残忍な復讐者である。ギデオンは、神が彼に示した忍耐を、他者に示すことを拒んだ。ギデオンは、恐れから信仰へと移ったのではなく、むしろ恐れから自己主張へと移ったように見える。

ギデオンへの民の求め（「我々を治めてください」）は、問題が主権であることを明らかにしている。ギデオンによる王制ないし王朝の建立の拒否は、次のような言葉によって、そうあるべきものとして神学的に根拠付けられている。「主があなたたちを治められる」（二三節）。出エジプトに比類する救助に、モーセと同じように携わったギデオンはここで、出エジプトが実証した次のような基本的な神学的確証を表現している。「主は代々限りなく治められる」（出エジプト記一五・一八）。そして正典の順序ですぐ後にサムエルが主張するように、イスラエルを支配する唯一の正当な王は神である（サムエル記上八・一―九を参照）。

ギデオンによる神学的な発言は聞かされるが、この神学が体現されたとは聞かされない。要するに、ギデオンの行動は、その言葉よりもはるかに多弁である。オルソンが主張するに、ギデオンの声明はおそらく、彼が「神の下僕や相棒として、イスラエルを指揮するという責任を放棄したこと」を示してはいるが、問題は明らかに、ギデオンがリーダーシップの召命を辞退したことではなく、むしろ彼がそれを不十分、不忠実に行使していることである（Olson, 809）。ギデオンは士師として、指揮するためのある責任を正当に主張することができたのである。そして実際に、二四節では、ギデオンは即座に積極的なリーダーシップの役割に転じている。

しかし問題なのは、この時点でのギデオンの役割のモデルがもはや、躊躇はしたものの（ギデオンがそうであったように。上記参照）、忠実であることが証明され、その歌が神の主権の主張を確証したモーセではないことである（出エジプト記一五・一―一八）。むしろギデオンの役割のモデルとなっているのは、アロンであり、しかも最悪の瞬間のアロンである。ギデオンによる最初の行政上の要求は、明確に出エジプト記三二・一―六を想起させる。そこでは、アロンはリーダーシップによって、金の装飾品を求め、それで金の子牛を造り、民がこれを神として扱うという結果がもたらされる。確かに、士師記八・二二―二八では詳細は異なる。ギデオンが造るのは「エフォド」である。しかし士師記の著者たち／編集者たちは明らかに、ギデオンのリーダーシップが、アロンのリーダーシップと同じく、偶像崇拝という結果をもたらすことを示唆している。他にも、イスラエルが姦淫にふけるという概念（八・二七）は、一様に偶像崇拝を指し示す（出エジプト記三四・一五―一六、レビ記一七・七、二〇・五、申命記三一・一六、エレミヤ書三・一、ホセア書四・一三―一五を参照）。そしてこの語は、直近の文脈において、偶像崇拝とも関連付けられている（三三節を参照、なお士師記二・一七の「恋い慕う」も参照）。更に、エフォドは「ギデオンにとって罠」となったと言われており（二七節）、この「罠」は、士師記二・三において明らかに偶像崇拝と関連していた。

要するに、ギデオンのリーダーシップがもたらしたのは、偶像崇拝であった。それはギデオンが自らの経歴の初めに、バアルの祭壇を切り倒したときにまさに格闘したものである。ギデオンは、言葉の最善の意味で「叩き砕く者」として始まり、言葉の最悪の意味で政策的に「叩き砕く者」として終わる。ギデオンは、士師あるいは自称王（二二節の彼の否定にもかかわらず、彼の息子の名前アビメレクが「わが父は王」を意味することに注目されたい）として理解されるかもしれない。いずれの場合にしても、彼は神の主権の尊重に失敗した。換言すれば、ギデオンは、恐れから信仰へとではなく、むしろ恐れから自己主張や偶像崇拝へと移ったのであり、士師記はこの一対の罪を冒頭から相互に関連付けている（一・一―二・五についての注解を参照）。この理由から、ハムリンはギデオンのことを正しくも「台無しになった士師」と呼んでおり（Hamlin, 90）、ギデオンと共にイスラエルの「下り坂が始まっている」のである（Olson, 791）。ギデオンの遺産が、民による直後の偶像崇拝であるのは驚くに値しない（三三節。しかし二七節に基づいて既に述べたように、これはギデオン自身の生涯の中で、そして彼自身のリーダーシップの結果として既に始まっていた）。これは確かに、士師記全体を特徴付けているパターンの一部として解釈することができる。すなわち、士師が死んだ後、民は再び「悪」を行うというパターンである。しかし本事例の場合、ギデオンの遺産は九章に大きく拡大されている。問題はまだなお主権であり（九・二における二回の「治める」を参照）、物語は、神のみに崇拝、奉仕、服従することの失敗がもたらす悲劇的、暴力的な結末を明らかにする。

九・一―五七　アビメレク　ギデオンの暴力的な遺産

士師記九章は、六―八章からはっきりと切り離されるべきではない。ギデオンは死んだが、九章の出来事は、まだなおギデオンの物語の一部である。その理由の一つはもちろん、士師記九章の主要人物であるアビメレクがギデオンの息子だということである。更に、アビメレクは一度たりとも士師として同定されず、彼がイスラエルを裁いた、あるいは救ったと言われることもない。彼はそのような人物ではなかった。むしろアビメレクは権力の強奪者であった。しかし彼は、真の意味で、ギデオン自身が士師記八章で採った（上記参照）誤った方向に単に従っただけだった。そもそもアビメレクの名前が意味するのは、「わが父は王」である。確かに、この名前を彼に付けたのが誰かは分からない（彼はおそらく、自らの野望を更に進めるためにこれを積極的に取り入れた）。しかしこの彼の名前の存在は、士師記八章におけるギデオンの行為と並んで（八・二三の彼の言葉に反して）、ギデオンに対する正当な疑惑を生む。ギデオンは、自分自身を一種の王とはしなかったとしても、イスラエルの民の間に偶像崇拝を再び導入することによって、きわめて明確に神の唯一の主権を否定した（八・二七）。要するに、士師記九章はギデオンの遺産の破壊的な結末についての描写である。

　士師記八章と九章の並置に関して注目に値するのは、八章が、国は「平穏であった」という注記で締め括られておらず（八・二八。なお三・一一、三〇、五・三〇と比較されよ）、ギデオンの死についての注記でも締め括られていないことである（八・三二。なお三・一一と比較されよ）。むしろ、民は偶像崇拝を行い（八・三三）、神の主権を認めず（八・三四）、ギデオンが行った「良きこと」を無視した（八・三五）というきわめて明示的な描写によって締め括られている。要するに、アビメレクの物語は明らかに、民の不従順という文脈に置かれている。士師記九章が始まって、終わり、イスラエルの民自身の間に暴力が全面的に広がっているのは、ギデオンが誤った転換を行い、士師記が展開するにつれて物事がますます悪化してゆくことの更なる示唆である（序論の二ｃを参照、また六―八章についての注解も参照）。

　士師記の最終形態において、九章の混沌とした暴力と一七―二一章の暴力的な混沌は、ギデオンに続く士師たちを取り囲む枠組みないし包み込みを形成している。この構造的な特徴は、本文書を特徴付けている漸進的な劣化のまた別の示唆である。更に、一二・一―六は、エフタによるアモリ人の脅威からの民の救助に続けて、イスラエルの民によるイスラエルの民への暴力を描いている。これは、最後の主要な三人の士師たち――ギデオン、エフタ、サムソン――の物語には混沌と内部の暴力の描写が続くこと、あるいはそれによって締め括られていることを意味する。またしても九章は、ギデオンの物語が重要な――特に悪化への――転換点であるとの結論を強固なものにする。

九章における暴力は、ほぼ即座に始まる。アビメレクの暴力行為は、九・二における「治める」の繰り返しの効果によって八・二二―二三を想起しつつ、明らかに主権の問題と関連付けられている。ギデオンは少なくとも、「主があなたたちを治められる」（八・二三）と神の唯一の主権に関して正しいことを言っていた。他方アビメレクは、主を完全に蚊帳の外に置く。彼は、「治める」ことを単純に彼の特権、あるいは「エルバアルの息子七十人全員」（九・二）。ここでは列王記下一〇・一のように、「息子」は王ないし支配者の味方あるいは郎党を指す）の特権として想定している。アビメレクの暴力は、「治める」ことの問題――神の主権の主張を認められない――と関連しているだけでなく、偶像崇拝からの資金的な融通も明らかに得ていた。バアル・ベリトの神殿財宝から得たカネは、アビメレクがギデオンの七十人の息子たちを殺す手助けをした暴漢たちへの支払に使われている（九・四―五）。

これもまたギデオンの遺産である。彼はイスラエルの民の間に偶像崇拝を再び導入し（八・二七）、イスラエルの民はギデオンが死んだ直後（また暗に、死ぬ前でさえ）、バアル・ベリトを崇拝した（八・三三）。バアル・ベリトは、文字通りには「契約の主／主人」を意味し、イスラエルの民の忠誠と献身がどこに向かっているのかをあまりにも明瞭に示している。彼らはもはや、神との契約関係になく、むしろカナンの民や神々との契約関係にある（二・一―二を参照）。序論の三で述べたように、士師記が提示し、全体に広がっている問いは、民が神の唯一の主権を認めるか否か――すなわち、彼らが神のみに崇拝、奉仕、服従するか否かである。一・一―二・五と同じく、答えは未だに否である。神が主権者でなければ、他の何者かがそれになる（あるいは、それになろうとする）。一・一―二・五と同じく、偶像崇拝と自己主張は手と手を取り合う。本箇所における自称主権者は、アビメレクである。彼は他の競合者の存在を許さない。彼の論理によれば、彼は他の潜在的な主権者を殺さねばならない。そして彼はそれを行う（九・五）。あるいは、彼はそれをほぼ行う。「エルバアルの末の子ヨタム」（九・五）は難を逃れるのである。

ヨタムの「寓話」は、一般に指摘されているように、王朝全般に対してというよりも、むしろ明確にアビメレクに対して向けられている。ある水準においては、士師記はダビデ王朝への段取りである。そしてより大きな正典の預言者は、王制に正当な地位を認めている。この視点から見ると、シケムの民の過ちは、彼らが何者かを王としたことではなく、彼らが「アビメレクを王とした」（九・六）ことである。アビメレクは、神の究極の主権を否定したのであり、それと同時に「イスラエルのために行ったエルバアル（すなわち、ギデオン）のすべての良いことにふさわしい誠意を、その家に示すこともしなかった」（八・三五）者たちの一員であった。

問題なのは、統治の特定の形態――王朝ないしその他――以上に、民が「すぐれた信仰と名誉［あるいは、誠実さ］をもって」（九・一六）互いに関わっているか否かである。アビメレクは明らかに、誠実さをもって彼自身の家族と関わらなかった。彼はむしろ彼らを一掃する。ヨタムの寓話とそれに続く演説は、アビメレクの暴力に共謀するシケムの民を告発する。ヨタムがゲリジム山から語るのは偶然ではない。そこは、イスラエルの民が契約への従順を呼びかけられ、契約への忠誠に約束された祝福を想起するよう求められた場所である（申命記一一・二九、二七・一二、ヨシュア記八・二三を参照）。まさに寓喩以上である現在の形態の寓話において、茨とはアビメレクのことである。茨の語り（九・一五）は、自分自身の崩壊とこれを選んだ者たちの破壊を確信させる。役に立たない茨は「すぐれた信仰をもって」王とされることはできないからである。アビメレクに関して、彼が王とされることが招き得る唯一の結末は、惨事――彼自身とシケムの民にとっての――である。茨の語りが予見するように、アビメレクは最終的にシケムの首長たちを火で破壊する（九・四六－五〇）。この意味で、寓喩は最終的に、「ヨタムの呪い」（九・五七）として機能している。

アビメレクがまさにそうであった人物の種類に鑑みて、シケムの首長たちはおそらく、何があろうとも、最終的には彼を「邪険に扱った」。暴力的な民は、暴力的な反応を惹起する。しかし語り手は――アビメレク自身とは異なり――神を蚊帳の外に置こうとしない。そこで語り手は、「神がアビメレクとシケムの首長たちの間に悪霊を送られた」（九・二三）ために、アビメレクとシケムの首長たちの間に不穏が起こったと説明する。この神学的な視点は、神は偶像崇拝、とどまるところを知らない自己主張、そしてその結果としてもたらされる破壊的な結末に全く満足しないことを証している。士師記全体が示しているように、神は猛烈に、たとえ暴力的であっても、その偶像崇拝や不正が神の意図する生命を脅かす抑圧者に対して反対する（序論の三cと四を参照）。

九章の残り部分は、拡大する暴力の報告、偶像崇拝やとどまるところを知らない自己主張の論理的な帰結である。物語に新しい人物が現れる――アビメレクに反対するエベドの子ガアルと、アビメレクを支持するゼブルである（二六―四一節）。これによって、物語の筋はやや複雑になる。しかし基本的な紛争は依然としてアビメレク対シケムの首長たちであり、この悲惨な挿話は全体として、全当事者たちの冷酷な自己中心性や報復性を描いている。アビメレクが最終的にシケムを奪取し、その民を殺して、その地を荒らしても（四二―四五節）、読み手は驚かされない。紛争における主役たち――シケムの首長たち――は、見せしめのために火によって滅ぼされる（四六―四九節）。全体の混乱は、彼らの共謀によって途に就けられたのである。そして火による彼らの滅亡は、ヨタムの詩的な寓喩の最終行（九・一五）によれば、詩的な正義である。

暴力を生き方とするアビメレクは、さしたる理由なく、シケムで行ったことを、テベツで行おうとする（九・五〇―五五）。「アビメレクによる不当で極端な復讐の凶暴な攻撃が示すのは、制御を失った狂人の肖像である」

（Olson, 817）。シケムにおいてと同じく、塔が関わる。そして物語のこの側面もまた、八・一七を想起させる。そこではギデオンが「ペヌエルの塔を倒し、町の人々を殺した」。この詳細もまた、九章における出来事が、ギデオンの暴力的な遺産と彼の悪化への転換の一部をなしていることを思い起こさせる。

シケムにおいて成功を収めた戦略は、テベツにおいて失敗する。アビメレクが火をつけようと塔に近づくと、「一人の女がアビメレクの頭を目がけて、挽き臼の上石を放ち、頭蓋骨を砕いた」（九・五三）。動詞「砕く」は、他の箇所では、残酷な抑圧を指すために用いられており（士師記一〇・八、アモス書四・一を参照）、抑圧者アビメレクが「砕かれる」のは相応しい。ある視点から見れば、その教訓は次のようなものである。すなわち、剣によって生きる者は、剣によって死ぬのである。しかし語り手はまたしても、神を蚊帳の外に置こうとはしない。語り手の神学的な視点から見れば、「神は、七十人の兄弟たちを殺して、父に対する悪事を犯したアビメレクに報いた」。また出来事は、シケムの民に対して、彼らがアビメレクと共謀したのに相応しいものを給することにもなった（九・五六―五七。なお九・二四を参照）。アビメレクとシケムの民の崩壊は、神が正義をもたらすという目的を示している――「平和《シャローム》」の確立という究極の目標に向けた抑圧者の打破である（詩編七二・一―七を参照）。

アビメレクは「報い」を受けたが（九・五六）、思い起こすべき重要なこととして、士師記における神の正義とは、単に配分的でも、報復的でもない。不正や抑圧には必然的に否定的な成り行きがあるものの――そしてこの意味で、神は有罪を決して帳消しにしない（出エジプト記三四・七を参照）――、神は士師記や聖書全体の中で、究極的には恵みと慈しみと赦しによって、正義を追求するためにはたらく（出エジプト記三四・六を参照）。すなわち民は繰り返し「悪」を行うが、彼らは神によって、士師の仲介を通じて繰り返し救われる。この恵みの究極性は、神がいかなる基準も持たないことを意味しない。アビメレクの物語は、神の基準が何であるかを力強く描き出している。神は、人類の間に忠実さと誠実さを望み（九・一六を参照）、偶像崇拝的な自己主張が致命的な結末を生むアビメレクや他のあらゆる抑圧者に対して堅く立つ。

士師記はしばしば、神はカナン人や他の諸国民よりもイスラエル人を依怙贔屓することを意味していると解釈されてきたがゆえに、アビメレクがイスラエル人であるのに気付くことは特に重要である。この状況は、士師記におけるカナン人や他の民族が、ある特定の生命への道——死への道である偶像崇拝的な自己主張——を象徴していることを改めて想起させるものである。イスラエルの民がこの生命／死への道を取り入れるとき、アビメレクの物語が示すように、また後に神の正義と公正を具現化できなかった王国が終焉を迎えたように、神は彼らにも反対する（序論の三、特に三bを参照）。もし神に偏りがあるとすれば、その神の偏りは、忠実さや誠実さにであり、それは正義や平和《シャローム》に帰結する（序論の四を参照）。

アビメレクが事実上、「一人の女」によって殺されることは、シセラの死を想起させる。彼もまた、女ヤエルによって殺されている（士師記四—五章）。この並行はまたしても、士師記における状況の悪化を強調している。シセラはカナンの軍司令官であったが、アビメレクはイスラエル人である。既に上で示唆したように、内部からの脅威は、外部からの脅威と同じくらい危険となり得る。先に述べたように、士師記では女性たちが主要な役割を演じる。そして九・五三における名もなき女も例外ではない。しかし彼女は、士師記におけるこの転換点において、模範的な役割を演じるほぼ最後の女性である（但し、士師記一三章のサムソンの母を参照）。イスラエルの民の間で物事がますます悪化するに従って、女性たちは英雄よりもむしろ犠牲となる（一九—二一章についての注解を参照、なお序論の三dも参照）。

アビメレクがとどめを刺すよう彼の武器を持つ従者に行う要求は、後にサウルが不名誉を避けるために行う要求に似る（サムエル記上三一・四を参照）。このように、イスラエルの最初の自称王アビメレク、そして最初に神から定められた王サウルの経歴は、不名誉で終わる。アビメレクは初めから偶像崇拝者であり、サウルは神の明確な命令への不従順によって神から拒絶される（サムエル記上一五章）。神によるイスラエルとの関わりを描くドラマの中で、神は、ギデオンが「主があなたたちを治められる」（八・二三）とただ表現していたものを実際に具現化するリーダーを探している。それが士師記で見つかることはない。それは王国時代の間に一瞬しか見つからず、王国時代もまた、不従順の重みによって崩壊する。キリスト者の視点から見ると、この探求は王イエスにおいてのみ完了する。彼は、神のみがわれわれを治めるという良き知らせの宣言と具現化の両方を成し遂げたのである。

一〇・一―五
トラとヤイル　嵐の間の静けさ

アビメレクによる短くも激動で騒がしい統治の後、トラとヤイルによるやや長く比較的波乱のない経歴は、有り難い小休止である。一二・八―一五には、いわゆる小士師の別のリストがある（序論の二aを参照）。その前には、別の騒然とした挿話であるエフタとエフライムの人々の間の暴力があり、四万二千人のエフライム人が殺される（一二・一―六）。すなわちそこには、士師記の中核的な転換点であるギデオンの物語（上記参照）に始まるあるパターンが存在するように思われる。各々の大士師の統治は、イスラエルの民によるイスラエルの民への暴力によって締め括られる、ないしは引き継がれる。最初の二つのサイクルはきわめてよく似る。ギデオン（六―八章）は、アビメレクの暴力的な支配によって引き継がれ（九章）、その後に小休止がある（一〇・一―五）。エフタの統治（一〇・六―一二・七）は、内戦によって幕を閉じ（一二・一―六）、その後に別の小休止がある（一二・八―一五）。サムソンの経歴（一三―一六章）は、血みどろの内戦を含むより大きな暴力によって引き継がれる（一七―二一章）。しかしそこに小休止はもうない。士師記は混沌の内に幕を閉じるのである。

このパターンは、物事がイスラエルの民の間で悪化していることを効果的に伝えている。止むことのない不忠実と不従順は、より大きな暴力と混沌とした結果を生み出す。しかし、漸進的な劣化の只中で、小士師の二つのリストは、ますます広がる荒れ地の中の二つの小さなオアシスのように存在している。アビメレクが彼の七十人の競合者を虐殺し、エフタが自分の娘を殺したことを考えれば、ヤイルに三十人の息子がいて、その内の誰も明らかに殺されたり脅かされたりしていないのを目にするのは清々しく、どこか励みとなる（一〇・三―五）。そして小士師の第二のリストにおける最後の士師アブドンは頂点にいる。彼には四十人の息子と三十人の孫がおり、彼らはいずれも生き永らえたと思われる（一二・一三―一五）。

確かに、これらの詳細は、大きな意味を持たない古代の歴史的な回想かもしれない。士師記を形成した者たちが、各部族に一人ずつ計十二人とするために、小士師の二つのリストを含めた可能性は十分に考えられる。そうであったとしても、上に述べたパターンは、何らかの意図がある可能性を示唆している。例えば、小士師の二つのリストは、エフタの物語を枠付けている。そしてヤイルやアブドンの数多い家族と、エフタによって殺される彼の一人娘との間の対照に気付かないのは難しい。純粋に物語的な観点から見ると、これらの詳細によって、既に悲痛な物語に、更に辛辣さが加えられている。

数多い子孫の報告は、一〇・一―五と一二・八―一五が持ち得る神学的な機能も示唆しているかもしれない。旧約聖書の他の箇所において、子は神の賜物である。子は、神の祝福を示している。すなわち、イスラエルの民が神を見捨てている様を示す増大する混沌と暴力の物語の只中で、小士師の二つのリストは、神がイスラエルの民を見捨てていないことを示唆している（二・一を参照。そこでは神が、「わたしはあなたたちと交わした契約を、決して破棄しない」と言っている）。従って、一〇・一―五と一二・八―一五に列挙されている士師たちの中では、最初のトラだけが「イスラエルを救った」（一〇・一）と言われているものの、二つのリストによって伝えられている安定と子孫繁栄は、神がまだ神の契約の民の中にあって、忠実であることを示している（一〇・一―五の役割をめぐる異なる想定については、Schneiders, 158を参照。彼女によれば、一〇・一―五と一二・八―一五は「士師の役割の低下を反映し続けている……なぜなら彼らは、それまでの問題を何も変えず、現状を維持しているからである」）。

クラウス・ヴェスターマンが論じているように、神による救済行為の機能が、正常な日常生活を可能にする状態を回復させることであるとすれば、小士師の二つのリストによって伝えられる正常性は、イスラエルの不忠実や不従順が増大しようとも、生命をもたらす神の目的が完全あるいは簡単には妨げられないことを示している（Westermann, 45）。士師記一七―二一章において、物事が完全に崩壊しているように見えるとしても、士師記についてのこの結論は、混沌に立ち向かい、イスラエルの存在を指揮して生命を再び可能にする神の更なる試みを予見している（サムエル記上一―八章を参照）。

一〇・六―一二・七　エフタと彼の娘　勝利の苦悩

イスラエルの下り坂がギデオンから始まったとすれば、これは明らかにエフタでも続いている。士師記が進むにつれて物事は悪化しており、衰退のしるしは、ギデオンの物語において明らかになったものに似る。士師記を特徴付けているパターンは明らかであるが、またしても大幅に変更が加えられている（一〇・六―一六）。ギデオンと同じく、エフタは思いもよらない英雄で、始まりは良い（一〇・一七―一一・二八）。しかしエフタの勝利は、彼の唯一の子である娘の死をもたらす明らかに不必要で無意味な誓願によって、悲劇的に台無しにされる（一一・二九―四〇）。ギデオンと同じく、エフタは不平を言うエフライム人への対処を迫られる。しかし今回の場合の結末は、多くの犠牲者を出す内戦である（一二・一―六）。負のスパイラルは、エフタがイスラエルを裁いた期間の短さと同時に、国に「平穏」をもたらせなかったことによって示されている（一二・七）。

一〇・六―一六　神はどれだけ耐えられるか

上で述べたように、士師記を特徴付けているパターンは、エフタの物語の始まりから明らかであり、民は「またも主の目に悪を行った」といわれる（一〇・六。なお二・一一、三・七、一二、四・一、六・一、一三・一を参照）。しかし民の「悪」の描写は、著しく増強されている。「バアルとアシュトレト」が言及されているのは驚くに値しないが、周辺諸国の実質上の目録が続いており、民は、それらの国々の神々を、主に代わって崇拝していた。

パターンに則って、イスラエルは「売り渡される」（一〇・七。なお二・一四、三・八、四・二を参照）。しかし今回は、二つの抑圧者たち――ペリシテ人とアモリ人――がおり、エフタによって対処されるのは後者のみである。ペリシテ人は脅威として残り、最後の士師であるサムソンでさえも、「ペリシテ人の手からイスラエルを救い始めた」（一三・五）だけである。物事は悪化してゆく。

八―九節における三つの動詞――「打ち砕いた」、「抑圧した」、「苦境に陥った」――は、状況の深刻さを要約している。これら三つの内、最初の語が他に見られるのは出エジプト記一五・六のみであり、神がエジプト人に行ったことを描くために用いられているが（NRSVではshattered〔新共同訳では、「打ち砕く」〕）、今やイスラエルの民がこれを受ける側にいる。第二の動詞は、士師記においてごく直近で、アビメレクの抑圧に対して神が彼に「報いた」（九・五六）ときにアビメレクに起こったことを描くために現れる（九・五三を参照。NRSVではcrushed〔新共同訳では、「砕いた」〕）。しかしまたしても、今やイスラエルの民がこれを受ける側にいる。第三の動詞は、士師記においてパターンが最初に現れる士師記二・一五を想起させる。そこでも、民は自らの偶像崇拝によって「苦境」に陥っている。

パターンが続いて、またしても民は「主に助けを求めて叫んだ」（一〇・一〇。なお三・九、一五、四・三、六・七を参照）。しかし今回は、彼らの叫びの内容が異なる。民は、彼らの苦しみに不平を言うのに代わって、罪の告白を行う。しかし彼らの心の変化は遅すぎたようである。神はもう沢山で、もはや我慢できないように見える。「それゆえ、わたしはもうあなたたちを救わない」（一三節）。しかし民が罪の告白を続け、神の慈しみを乞い、彼らの道を変えると（一五―一六節）、神はエフタを通じて彼らを救い出そうとする。エフタの物語は一一・一で始まる。神は本質的に、一三節で宣告したことには従わない。しかしこのような神の側の「矛盾」は、決して新しいものではない。例えば出エジプト記三二・九―一〇において、神は民の偶像崇拝ゆえに彼らを滅ぼす意図を宣告する。しかしモーセがとりなしを行うと、神は「自分の民にもたらすと告げた災いについての心を変えた」（出エジプト記三二・一四）。八・二四―二七におけるギデオンの偶像崇拝的な振る舞いが出エジプト記三二・一―一四を想起させた事実に鑑みるに、一〇・一六もまたこの中核的なテクストを想起させるのは驚くに値しない。明白な「矛盾」は、実際にはより深い神の一貫性を表明している――すなわち、神は根本的に「憐れみ深く恵みに富む」のである（出エジプト記三四・六）。既に述べたように、士師記において全体に広がるパターンは、神の本質的な恵み深さを伝えるのに寄与している。罪を繰り返す民に、神は繰り返し慈しみに富むのである（序論の四を参照）。

これは、一〇・一六の帰結文が意味していることであると思われ、少なくともNRSVは次のように解釈する。「そしてかれはもはやイスラエルの苦しみを見るに堪えなかった」。しかしNRSVはこの点に関して、珍しく遠回しな翻訳を提示している。この文はきわめて曖昧であり、次のような形で、より文字通りに翻訳することができよう。

……そしてかれの魂／生命はイスラエルの苦しみによって短くなった。

……そしてかれの魂／生命はイスラエルの災いによって短くなった。

ある者の生命／魂が短くなるという慣用句は、他では落胆すること、あるいは我慢できないことを表す（民数記二一・四、ミカ書二・七を参照）。このような意味合いは、もう救わないという一三節における神の宣告と最もよく合致するように見える。

他方で、物語の展開上、神は少なくとも脅威の一部からイスラエルを救い出すためにエフタを用いていることが明らかとなる。従っておそらく、この慣用句はここでは、NRSVが示唆するように、神の慈しみ深い憐れみを表している。このような意味合いも、士師記自体で繰り返されるパターンや出エジプト記三二―三四章のような中核的なテクストを含むより大きな正典上のテクストから支持される。

事実、この文の曖昧さは、適切かつ教示的である。確かに、偶像崇拝的な自己主張という形による民の絶えることなき不従順は、神を落胆させ、神の忍耐が試されるに違いない。しかし神は、罪深い民と共にあり続ける中で、一貫して恵み深い神の特徴を示している。要するに、この曖昧さは最終的に、神の苦しみを明らかにしているのであり、それは不忠実なままの民との関係の中で、忠実であり続けるという荷を負う神の能力と神の意思からなる。このことは、上の慣用句の別の意味合いを示唆する。神の「生命が短くなった」――すなわち、神の生命の質の低下、あるいは神が苦しむ――のは、民が不忠実なままであることの結果としてである（Fretheim, *The Suffering of God*, 107-87 を参照。彼が指摘するに、神はいつも民と共に、民のゆえに苦しむのである。129 の士師記一〇・一六についての彼の議論を参照）。

より大きな聖書の物語が進展し続けるにつれて、神は、人間の罪によって、神の生命の質を低下させ続ける。

換言すれば、神は愛のために苦しみ続けるのである――事実、キリスト者の視点から見れば、あらゆる道は十字架に通ずる。十字架は、神の究極的な無化《ケノーシス》の行為であり、それは罪深い民のために無となること、あるいは自ら生命を短くすることである（序論の四を参照）。

一〇・一七―一一・二八　無法者から外交官に

士師記には、思いもよらない英雄が数多くいる――左利きのエフドから、明らかに非イスラエル人のシャムガルやヤエル、女デボラ、家族の中で「最も小さな者」（六・一六）であったギデオンに至るまでである。従ってこの時点で、次の士師エフタが、「遊女の子」（一一・一）で、家族から追放され、今日のゲリラ戦士あるいはテロリストと呼ばれるようなものと古代において等しい存在になっていたと知っても、読み手はさほど驚かされない。一〇・一七―一一・一一における鍵語は、「頭」（一〇・一七、一一・八、九、一一）である。この語は別の文脈では、「最初の者」を意味し得る。ギデオンの物語と同じく、エフタの物語には、「最も小さい者」あるいは最後の者が最初の者となることが含まれている。これは、神の典型的なはたらき方である（六・一―三二についての注解を参照）。

エフタは、遊女の追放された子であるがゆえに、かなりの熟練した交渉者だった。彼は、ギレアドの長老たちと慎重に交渉を行い、神が彼にアンモン人に対する勝利を与える時には、彼がギレアドの「頭」になるとの確証を得る（一一・四―一一）。エフタは、国内政策を首尾よく処理した後、注意を外交問題、アンモン人の脅威に向ける（一一・一二―二八）。彼はまたしても見事な外交の能力を発揮する。士師記は紛れもない暴力の書であるという普及した印象に鑑みるに、エフタがアンモン人と平和的な関係を築こうと試みることから始めているのは特筆すべき重要な点である（一一・一二）。エフタは、自分の最初の問いがアンモンの王から拒否されると（一一・一三）、民数記二一章の物語を詳細に語り、イスラエルがヨルダン東のいくつかの領域に対して正当な主張をしている理由を説明する（一一・一四―二三）。

エフタの議論は、二四節の決定的な問いへとつながる。士師記はイスラエルの神の後援を得た一種の無差別な土地収奪を描いているという普及した印象に鑑みるに、これもまた特別な注目に値する。そのような印象とは反対に、エフタ――そして暗黙の内にイスラエルの神――は、他の民による土地や生活についての正当な主張を認めている（申命記三二・八―九を参照）。問題が起こるのは、今回のアンモン人のように、ある民が多くを望みすぎる時である。二四節が示唆しているように、イスラエルの神はまさにすべての民や国の間での平和な共存を望んでおり、それによってすべての人が土地と生活を得られるようになる。正典の預言者のより大きな文脈は、この観点を支持している（序論の三を参照）。どんな国ないし民――モアブ人、カナン人、ミディアン人、アンモン人、ペリシテ人、あるいはイスラエル人――であっても、神の良き意図を超過すれば、神はそれに立ち向かうのである。士師記における負のスパイラルは、絶えることのない不従順が必然的にもたらす否定的な結末についての警告である。そしてもちろん、より大きな正典の預言者は、イスラエルとユダが最終的には彼らの偶像崇拝的な自己主張の結果として陥落する様を物語っている。しかし民が自分自身の行為がもたらした破壊的な結末の経験から得た洞察と共に、正典の預言者は、イスラエルが「諸国の光」（イザヤ書四二・六、四九・六）、「多くの民に」（イザヤ書二・四）正義と平和を打ち立てる神の業の代理人となる様も構想する。

士師記一一・二四は、このより大きな正典の預言者の方向性を予見しているものの、今はアンモン人の王がエフタの和平案を拒否する。そして戦争となる（一一・二七―二八）。一一・二四のもう一つ別の詳細も注目に値する。モアブとアンモンはしばしば関連付けられるが（士師記三・一三―一四、創世記一九・三六―三八、申命記二・一七―一九を参照）、ケモシュ神は通常、モアブ人の神であり、アンモン人の神ではない。この明らかな矛盾は事実上、二四節におけるエフタの議論の本質には影響を及ぼさない。しかしながら、このモアブ人の神についての暗示は、列王記下三・二六―二七を思い起こさせるのに一役買っているかもしれず、そこではモアブ王が「彼の長男」を犠牲にささげ、それによってイスラエルとの戦いの流れはモアブに優勢となるように変わっている（Olson, 830-31）。もしそうであるとすれば、この暗示は、エフタの物語における次の挿話をはっきりと予見している。

一一・二九―四〇　誓願の遵守、娘の殺害

この時点に至るまで、エフタの物語は順調だった。イスラエルの民は、自分たちの罪を告白して神に立ち帰る。神は、民の気まぐれな信仰に業を煮やすものの、彼らへの関わりを続ける（一〇・六―一六）。最も小さい者としてのエフタは、神の一種の指導者のようであり、実際には、神が望むような一種の平和を民や国々の間に打ち立てるためにあらゆる試みを行っている（一〇・一七―一一・二八）。しかしながら一一・二九において、エフタの物語は悪化へと悲劇的な転換を迎える。

二九節の始まりは、十分に幸先良いように見える。すなわち、「主の霊がエフタに臨んだ」。しかし士師記における霊の効果についての記録は混在している。霊が最初の士師オトニエルに臨んだ時、その結果は即座の勝利で

あった（三・一〇―一一）。しかし霊がギデオンを捕らえた時、ギデオンは戸惑い、恐れたままであった（六・三四、なお六・三三―八・三についての注解を参照）。霊はサムソンにも臨む。その結果は印象的なものであるが、イスラエルの救助には全くつながらない（一四・六、一九、一五・一四を参照）。即座の効果（オトニエル）から、効果の遅滞（ギデオン）、事実上の無効果（サムソン）へというこの進展は、士師記を特徴付けている漸進的な劣化（序論の二cを参照）に一致し、一一・二九―四〇を理解するための文脈も提供している。

霊は、効果的な力となるかもしれない。しかしそれは自ずと効果的というわけではなく、少なくとも救助をもたらすことに関してはそう言えよう。霊は人間に臨む、あるいは人間を捕らえる。従って、救助がもたらされるときには、それが協力と忠実さをもって具現化されなければならない（リチャード・G・ボウマンからの引用を含めて一三・一―二五についての注解を参照。また一四・一―一五・二〇についての注解を参照）。オトニエルからサムソンへの進展は、霊が臨む士師の側における忠実さの減少を示唆している。そして既に上で述べたように、この忠実さの減少は、救助の点から見て、報いの減少と並行する。オトニエルは完全に効果的であった。それに対してサムソンは「イスラエルを救い始める」（一三・五）だけである。間に挟まれたギデオンは、救助をもたらす。しかし彼は即座に民を偶像崇拝に逆戻りさせ（八・四―三三についての注解を参照）、恐ろしく暴力的な遺産を残す（九章についての注解を参照）。エフタも、アンモン人を制圧することによって少なくとも部分的には救助をもたらすが（一一・三二―三三）、彼の勝利の直後に続くのは暴力である――最初は、彼の誓願の結果としての彼の娘の死であり（一一・三四―四〇）、その後は、血みどろの内戦である（一二・一―六）。

この漸進的な劣化のパターンは、三〇―三一節におけるエフタの誓願をどのように理解すべきかということと関わる。これは特に、次のようなフィリス・トリブルの結論を支持する。

誓願を立てるというのは、不忠実の行為である。エフタは、霊の賜物を受け入れるよりもむしろ、神を縛ることを望んでいる。彼のもとに自在に臨むものを、彼は得て操ろうとする。彼の言葉が意味するものは、疑いであって、信仰ではない。操作であって、勇気ではない。そのような誓願に、神は返答しない。（Trible, 97〔トリブル『旧約聖書の悲しみの女性たち』一七四―一七五頁〕）

要するに、神の霊の賜物に対するエフタの反応は、ギデオンのそれに似る。ギデオンは即座に疑い、神へのテストを考案した（六・三六―四〇）。同様に、別のやり方によってではあるが、エフタは疑い、勝利を保証するための更なる手段を考案する。

確かに、ある注解者たちが主張するように、霊によってエフタは誓願を行うよう導かれたのかもしれない。テクストは言葉少なく、それゆえに曖昧であるが、漸進的な劣化という本文書のパターンは、エフタの誓願は不必要で不忠実であったという結論を支持する。注解者たちはまた、エフタは当時、家からは人間ではなく動物が出て来ると賢明に予期していたようであった（三一節におけるNRSVのwhoever〔新共同訳では「者」〕は「何でも」とも訳せる）と主張することで、彼に有利になるような解釈を試みてきた。しかしこの解釈の方向性は、あまり助けにならない。当時、家には動物たちが住んでいたが、同じく人間も住んでいたのである。一一・一二―二八の賢く熟練した交渉者であるエフタは、あらゆる可能性を予期していたはずである。従って、文学的な文脈に鑑みるに、エフタに有利になるような解釈の試みは、彼をより悪く――愚かで、思慮のない、不忠実な者として――見せるだけである。

いずれにせよ、家から最初に出てくる物／者を犠牲にささげるという誓願が立てられる（三〇―三一節）。アンモン人は制圧される（三二―三三節）。そしてエフタが家に戻って来る（三四節）。勝利の後、女たちが「太鼓と踊りで」（三四節、なお出エジプト記一五・二〇や特にサムエル記上一八・六を参照）祝賀を先導するというのが、明らかに当時の習慣であった。エフタはこのことを忘れていたのだろうか。われわれには分からない。しかしこの明らかな習慣に則って、一人の女が最初に出て来る。そしてそれは彼の娘であった。エフタは何ないし誰を予期していたのだろうか。またしても、われわれには分からない。習慣に鑑みるに、またこの娘が「彼の唯一の子であった」（三四節）のに鑑みるに、エフタは驚いたはずがない。しかし三五節が示唆しているように、彼は明らかに驚き、唖然とする。彼の行為――「彼は衣を引き裂いた」（三五節）――は、彼の言葉と同じく、彼の悲痛を示している。

多くの注解者たちが指摘するように、物語は、エフタができるだけ潔白となるように語られている（Fuchs ならびに Exum 1989 を参照）。彼が適切に悲嘆するだけでなく（三五節）、彼の娘も父親を完全に支持する。「その口から出たとおりに私に行ってください」（三六節）。そして後に、行為の戦慄さを意図的に回避するような言葉遣いで、エフタは「立てた誓願を彼女に行った」（三九節）と報告される。

テクストは間違いなく、女性が下位に置かれ、疎外され、操作された家父長的な文化体制を反映している。またこれは疎外された者たちには服従する以外の選択肢がなかった典型的な現実を反映している。それでもなお、テクストは単にエフタによる殺人をまかり通らせてはいない。確かに、物語自体の詳細はこの行為を放免しているように見える。また注解者たちはしばしばエフタを、たとえ自分自身、自分の未来、家族、特に娘に多大な犠牲を強いたとしても誓願を守って神を第一に置く言葉の人としてたたえさえしてきた。しかし決定的なのは文脈である。士師記における一一・二九—四〇の直近の文脈と、より大きな正典上の文脈の両方が示唆するに、一一・二九—四〇は、士師記の古代の読み手にとって、フェミニスト的（あるいは単に人道的）感性を持った現代の解釈者にとってと同じく、「恐怖のテクスト」であったかもしれない。上で述べたように、漸進的な劣化のパターン——特に主の霊が関わるテクストにおいて——によって、エフタの誓願には最初から疑義がある。トリブルが指摘するように、誓願自体が「不忠実の行為」であったとすれば、誓願の成就に美徳は全くない。誓願を果たした言葉の人であるとしてエフタを褒めることは、誠実である限りは何を信じていても問題ないと言うに等しい。確かに、これは現代人の間で普及した態度のようである。しかしこれは危険である。そして聖書の観点から見ても、確実に間違いである。

物語自体の語られている詳細はエフタを赦免するよう意図されていたように見えるものの、これらの詳細はその現在の文脈において、冷笑に値するものになっている。例えば、三五節のエフタの言葉——「お前がわたしを苦しめる者になった」——は、責任を徹底的に彼の娘に負わせているのである。エフタが不必要で不忠実な誓願を発した者であることに鑑みるに、これはなんと不公平で、まさしく冷笑に値するものであろうか。結局のところ、エフタが行うのは、彼の娘を犠牲にささげることであり、それはトーラーにおいて特に禁じられ（レビ記一八・二一、二〇・二—五）、より大きな正典の預言者でも批判されている行為である（列王記下二三・一〇、エレミヤ書三二・三五）。確かに、一一・二九—四〇の物語は、神聖法典の公布よりも前に、預言者の証言よりも前に編み出されたものかもしれない。しかし少なくともトーラーの授与を前提とするその現在の文脈において、エフタによる彼の娘の犠牲は、明らかに神の目的にそむくものである（一一・二九—四〇の年代付けについては議論が絶えない。例えば、トーマス・C・レーマーは、イピゲネイアの伝承に見られるアガメムノン王による彼の娘イピゲネイアの犠牲を挙げつつ、士師記一一・三〇―三一、三九―四〇は、士師記へのペルシア時代ないしヘレニズム時代の付加で、ユダヤの物語がギリシア古典と同等に悲劇的であり得ることを示すために企図されたと論じている）。エフタが行ったことは、アンモン人の神モレク（レビ記一八・二一、二〇・二―五を参照）には受け入れられたかもしれないが、イスラエルの神には受け入れられない。

興味深いことに、エフタが打ち負かしたのは、アンモン人である。現在の正典上の文脈におけるエフタの物語は従って、エフタを敬虔なイスラエル人よりもむしろ敬虔なアンモン人として効果的に描き出しているのである。すなわち、エフタが行ったのは、偶像崇拝者が行うことであり、敬虔なイスラエル人が行うよう呼びかけられていることではなかった。一〇・六―一六で描き出されている問題に鑑みるに、エフタの物語への導入はまさしく偶像崇拝的であり、これはエフタの行為をより一層恐ろしいものに見えるようにしている（そして彼に、八・四―三三におけるギデオンの悪化への転換を繰り返す役割を与えている）。

一〇・六―一六と一〇・一七―二八の文脈の中でエフタの行為を見ると、エフタはまた別の形で悪く見える。一〇・六―一六において、民をもはや救わないという神の心を変えたのは神である。民が生きられるよう慈しみ深く神の心が変えられるのであれば、エフタはなぜ自分の心を変えられないのだろうか。旧約聖書の他の箇所では、神は、民が生きられるようトーラーを破ってさえいる――例えば、不義を犯した民を殺すことなく帰還させ（エレミヤ書三・一一―一四を参照）、不従順な子イスラエルを石刑に処すことなく赦している（ホセア書一一・一―九を参照）。エフタの場合、彼は自分の子を犠牲にささげないことの裏付けとして、まさにトーラーを引き合いに出すことができただろう。しかし彼はそうしない。エフタがトーラーの物語である民数記二一章の詳細を熟知していることを示す一一・一二―二八の想像力に富んだ外交の能力はどこに行ってしまったのだろうか。

確かに、これらの議論は、歴史的な視点からの不公平なものに見えるかもしれない。しかしまたしてもこの物語を士師記における直近の文脈やより大きな正典上の文脈を含めた、その現在の文学的な座においてみると、エフタは単に悪いというよりも、更により悪く見える。彼は本格的な偶像崇拝者のようであり、トーラーにおける子供の犠牲の禁止を知らず、士師記において実際には死に値する者たちに繰り返し生命を与えてきた神の慈悲深い特徴についてはそれ以上に知らないのである。

エフタについてのこれまでの議論では、彼は誓願に従って自分の娘を全焼の供犠としてささげたと想定してきた。ユダヤ教とキリスト教には長く不断の釈義の伝統があり、そこではエフタはより想像力豊かに忠実で憐れみ深い者と見なされる。この見方に従えば、エフタは自分の娘を全焼の供犠として進呈する際、彼女を殺したのではなく、むしろ彼女を生涯独身にささげたのである。この釈義の伝統は明らかに、中世におけるユダヤ教注釈者ダヴィド・キムヒに由来する。そしてこれはキリスト教解釈者たちに取り入れられ、彼らはエフタの娘を、女性の宗教秩序における独身の先例として挙げることができた（一一・二九―四〇の詳細な解釈史については、Marcus を参照）。

この解釈の系統に見られるのはいずれも、この「恐怖のテクスト」のおぞましさの緩和を図る合理化である。そうであるとしても、上で述べたように、テクストが言葉少なく、それゆえに曖昧であることは認めねばならない。デニス・オルソンは、このテクストの曖昧さに関して、非常に有効な視点を提示している。

どっち付かずであることの効果は、緊張感を高め、読み手を物語の道徳的なジレンマや曖昧さに引き込み、おぞましいまでに恐怖感を増幅させる。それは描かれてはいないが、ただ想像される可能性として残されている……。結局のところ、エフタの娘が犠牲にささげられたにせよ、独身の生涯を送ったにせよ、エフタの誓願は愚かで、誤った、不必要なものである。(Olson, 834)

要するに、エフタによる彼の娘に対する扱いは、いかなる理由でも褒められたものではない。むしろ彼の愚かで、信仰なき行為は、神が望むことを実行、具現化しないことがもたらすおぞましく恐怖に満ちた結末を示している。娘に対するエフタによる暴力が、一二・一―六では何倍にも増幅されているのは驚くに値しない。いずれの暴力の場合も、士師記の推移を特徴付ける漸進的な劣化を証している。士師記の初めの数章における女性たち――アクサ（一・一一―一五）、デボラとヤエル（四―五章）――が称賛され、主役を演じているのに対して、女性たちは次第に操られ、被害者になってゆく。エフタの娘に対する扱いはもちろん、その主たる例である。しかしおぞましい物語が更にある――レビ人の側女（一九章）、ヤベシュ・ギレアドの四百人の女たち（二一・八―一二）とシロの女たち（二一・一五―二四）の誘拐である。女性たちへの虐待はますます、忠実や従順でないことの暴力的な結末を示している（序論の三dを参照）。

これまで、一一・二九―四〇について、エフタが不忠実で不従順であったことを示唆してきた。しかし物語における神の役割はどうであろうか。ある注解者たちは、この悲劇について、エフタと同等、あるいはそれ以上に神の失敗に多くを帰している。特に一一・二九―四〇が、イサクを犠牲にささげそうになった創世記二二・一―一九と関連させて読まれる時である。エフタと彼の娘の物語は明らかに、アブラハムと彼の息子イサクの物語を思い起こさせる。これは特に三四節に当てはまり、そこではエフタの娘が彼の「唯一の子」（創世記二二・二を参照）であったことが強調されている。創世記二二・一―一九では、アブラハムが彼の唯一の息子を犠牲にささげるのを防ぐために、神が介入する。しかしエフタの娘が犠牲にささげられるのを防ぐための神の介入はない。なぜだろうか。問題は、神が男よりも女に気を留めないということではない。むしろ、士師記一一・二九―四〇の文学性と神の論理性が、神の介入を許さないのである。創世記二二・一―一九では、試みを行うのはアブラハムではなく、神である。士師記一一・二九―四〇では、誓願を提起するのは神ではなく、エフタである。神の試みへの応答としてのアブラハムの忠実は、神は人間の犠牲を望んでいないことを示している。娘を犠牲にするエフタの不忠実と自己主張もまた、神は人間の犠牲を望んでいないことを示している。士師記一一・二九―四〇は、特にその文脈内で見れば、不忠実と不従順の恐ろしい結末を伝える。そのようなものとしての本箇所は、士師記全体と同じく、悔い改めへの呼びかけであり、契約忠誠への呼びかけである。聖書の神は、神の意志をわれわれに強制しない。神は、エフタ――そしてわれわれ――の不忠実、不義、暴力を赦すことができるかもしれない。しかし神はそれを防ぐことはできない。かつても今も、世界における不義や暴力の存在は、神が悪ないし不在であることを意味しない。これはむしろ、神が人類を愛して支配を委ねたことを意味する（創世記一・二六―三一を参照）。上で述べたように、イスラエル――そしてわれわれ――の不忠実と不従順は神を傷つけ、神の生命の質を低下させる。しかし神は愛のゆえに、神の不忠実なパートナーである人間に忠実であり続けるのである。

愛は自由を求める（Hall, *God and Human Suffering*, 70-71 を参照）。しかしアブラハム――そしてわれわれ――が忠実であることを許すのと同じ自由が、エフタ――そしてわれわれ――が不忠実であることも許す。愛のゆえに神が従順の強制を望まないことは、神が不在であることを意味しない。しかしそれが意味するのは、この世界やエフタと彼の娘の物語において神を見出すためには、予期せぬ場所を探さねばならないかもしれないということである。上で述べたように、われわれの不忠実や不従順が神や他の民を傷つけているとすれば、士師記一一・

二九―四〇における神の存在は、苦悩と悲嘆――すなわち、エフタの娘、そして彼女が生きていた間に彼女と共に嘆き悲しみ（一一・三七―三八）、彼女の死後に彼女の記憶を生かし続けた者たち（一一・四〇）の中に見出されねばならない。

　士師記は、マーヴィン・テートの言葉を借りれば、「泣きの書」である（一・一―二・五についての注解を参照）。士師記への第一の導入は、ボキム（「泣き」）と呼ばれた場所での民の泣きで終わる（二・四）。主の天使が、彼らの偶像崇拝の破壊的な結末を警告したからである。士師記の終わり近くで、イスラエルの民は、血みどろの内戦（二〇・二三、二六）とその余波（二一・二）の結果として再び泣く。士師記は、偶像崇拝と不従順の結果に対する泣きによって枠付けられていることから、一一章――まさに文書の中央の章――もエフタの娘とその友人たちの泣きで最高潮に達するのは驚くに値しない。エフタの娘は、名の知られぬままであるものの、少なくとも喋ることが許される（一九章において名も知れず、喋りもしないレビ人の側女とは異なる）。彼女の語りは、ただ従順というわけではない（三六節）。むしろ、父親に要望を出せるほどに自発的に主張もする。そして泣きという本文書の枠構造に鑑みるに、エフタの娘が「私の処女（について）の泣き」（三七節、ＮＲＳＶでは bewail my virginity〔新共同訳では「処女のままであることを泣き悲しむ」〕）の時間を求めたというのは重要な注記である。その後、彼女とその友人は「彼女の処女（について）泣いた」と言われている。文書の冒頭を回顧し、その結論を予見するに、士師記の中心におけるこの泣きは、エフタの振る舞いが偶像崇拝、不忠実、不従順の性質を帯びていることを強調している。エフタの娘は、父親に犠牲にささげられ、士師記の解釈史においてしばしば疎外されてきたが、彼女の泣きの物語は、この「泣きの書」のまさに中心である。エフタの娘とその友人たちの物語は、偶像崇拝と自己主張――要するに、契約を守ることの失敗――が必然的に招来する恐怖と暴力的な非人道性を描き出す作品構図の中心になっている。

それゆえ、きわめて適切なことに、エフタの娘と彼女の犠牲は、毎年のしきたりの契機となる。三九節の最後の文は、次のように訳せる。「そして彼女はイスラエルにおける伝統となった」（Trible, 106〔トリブル『旧約聖書の悲しみの女性たち』一九四頁〕）。しきたりないし伝統の主たる活動は、エフタの娘を「誦《ず》する」あるいは「布告する」（四〇節、NRSVではlament〔新共同訳では「悼む」〕）ことである。しきたりの雰囲気は哀悼であったかもしれないが、哀悼はある使信も主張していたであろう。エフタの娘と彼女の泣きを想起することは、偶像崇拝や不従順の恐るべき結果に向き合うことであるため、この伝統は、悔い改めへの呼びかけとして機能したであろう。これは驚くに値しない。なぜなら、エフタの娘の物語は、正典の預言者の一部である文書の中心に位置しているからである。

男性で占められた解釈史では時折、士師たち、特にサムソンがイエスの予型と見なされてきた。その論理は次のようなものである。サムソンが力強い救助者であったように、イエスもまた力強い救助者であったというのである。しかしそのような論理は疑わしい。特にサムソンの場合、彼は性格的にひどい欠陥があり、本当に民のために救助を達成したことはなかった（一三―一六章についての注解を参照）。士師記にイエスの予型――すなわち、神の経験を体現する者――があるとすれば、その最たる候補となるのはエフタの娘である。

士師記における神と同じく、エフタの娘は不忠実と不従順の犠牲者である。この形でも当然のことながら、エフタの娘はイエスを予見する。彼もまた人間の不忠実と不従順の無垢な犠牲者である。エフタの娘と同じく、イエスの死を布告し想起することは、彼に召された友人たちないし同伴者たち〔文字通りには「パンを分け合う者たち」〕にとっての慣習ないし伝統となった。エフタの娘の死とイエスの死はいずれも犠牲として描かれている。

キリスト者にとって、エフタの娘の死がイエスの死をより完全に理解する助けになるとすれば、まさにこの点である。特に士師記一一・二九―四〇の恐怖は、イエス・キリストの十字架もまた恐ろしい物語であることにキリスト者が気付くのを助けるかもしれない。エフタの娘と同じく、イエスは不忠実や偶像崇拝の犠牲となった。これを確証することは、苦しみそのものは贖罪ではないということも確証することになる。十字架は贖罪の象徴である。なぜならそれは、神が世界をどれほど愛し、その結果として、罪深い世界のために神が自らを擲《なげう》ってどこまで行くのかを示しているからである。その核心は愛であり、苦しみではない。贖うのは愛であり、苦しみではない。確かに、愛する者は必然的に苦しむ。しかしその逆は真ではない。すべての苦しみが愛の証拠というわけではない。

誤った十字架の神学はしばしば、苦しみ自体が自ずと高潔であり、贖いであると主張してきた。キリスト教の牧師たちはこれらに基づいて、暴行を受けた女性に対し、より多くの苦しみや虐待を受け入れるよう勧めることさえしてきた。換言すれば、十字架は不義を永続させるために持ち出されてきたのである。そしてその結果、エフタの娘と同じような女性の犠牲が、より多く生み出されてきた。士師記一一・二九―四〇が教え得るのは、苦しみや「犠牲」は、それらが偶像崇拝や不忠実の結果であるときには良きものではなく、従って不義をなすということである。聖書の十字架の神学もまた、このことを教えているはずである（Cousar, 7-9, 52-87 を参照）。

イエスの復活は、彼を殺した不従順や不忠実の証ではなく、神の愛の証であり、イエスはこれを彼の生命と宣教において宣告し、具現化したのである。われわれはもちろん、エフタの娘の復活を宣告することはない。しかしながら、イスラエルの娘たちは彼女を想起し、語り継いだ。われわれは同じことができるし、しなければならない。またＪ・シェリル・エクザムが主張するように、「エフタの娘の物語を語ることは、言葉を通じて彼女を再び生かすことである」(Exum, *Tragedy and Biblical Narrative*, 61)。

エリ・ヴィーゼルが、ナチス(彼らの多くはキリスト者であることを公言していたのである)の手による六百万人のユダヤ人大虐殺であるホロコーストについて語ることは、エフタの娘の全焼《ホロコースト》の供犠にも言える――すなわち、われわれはそれが再び起こらぬよう、記憶の沈黙を許すことはできない。エフタの娘がイスラエルの娘たちの言葉を通じて生き続けたように、また彼女がわれわれの言葉を通じて生き続けるように、われわれは自分自身や世界に対し、子供や女性の虐待に悲劇的に表れ続ける不忠実、不従順、不義を悔い改めるよう呼びかけるのである。

ユダヤ人のホロコーストとエフタの娘の全焼《ホロコースト》の供犠の物語は、非人道性や暴力がいかに頻繁に神の名において繰り返されるのかを時宜を得て思い起こさせもする。エフタが行ったように、神の名を引き合いに出しても、それは忠実、従順であることを意味しない。それはまさに十戒が認識しているように、「あなたの神、主の名をみだりに唱える」(出エジプト記二〇・七)ことになってしまう。イエスはそれを次のように言う。「わたしに向かって、『主よ、主よ』と言う者が皆、天の国に入るわけではない。わたしの天の父の御心を行う者だけが入るのである」(マタイ七・二一)。エフタの娘の死に示され、イエスの十字架刑において明らかにされ、ホロコーストのような歴史的出来事で裏付けられるように、忠実になることは、神の装いの中に不忠実を覆い隠そうとするよりもはるかに難しい。エフタの娘を想起して布告すること、イエスに従うために十字架を担ぐことは、偶像崇拝や不義を名指しし、それらに代わる忠実さや正義という困難な道を神のために追求する信仰や勇気を持つことである。

一二・一―七　エフタの暴力的な遺産

上で述べたように、ギデオンとエフタの物語には重要な並行が見られる。いずれも首尾よく始まるが、それぞれ明らかな悪化へと転じ、暴力的な遺産を生み出す。従って、エフライム人がギデオンに発したのとほぼ同じ異議の声を、エフタがエフライム人から受けているのは驚くに値しない（一二・一、なお八・一を参照）。状況を考えると、一二・一のエフライム人による脅威は、特に残酷である。彼らは、「あなたの家をあなたもろとも焼き払う」と脅し、エフタに対して、彼が娘を火による犠牲にささげたために、彼の「家」（すなわち、彼の家系）を既に事実上、破壊してしまったことを思い起こさせる。

おそらくは、エフライム人の残酷さが、エフタの残酷な反応を引き出す。いずれにせよ、ギデオンによるエフライム人への反応とは明らかに対照的に、かつての熟練の交渉者（上記の一〇・一七―二八についてを参照）は、エフライム人に反応する機会すら与えない。代わって、彼は直ちに彼らとの戦いに従事する。ヘブライ語アルファベットの最後から二つ目の文字の二つある発音を要とする有名なシボレト―スィボレトの挿話（一二・五―六）は、このイスラエルの民によるイスラエルの民への暴力の残酷さと規模を強調するのに寄与している。エフタがアンモン人に与えた「大打撃」（一一・三三）に匹敵して、今や彼自身の民の一部族が大打撃を受け、四万二千のエフライム人が殺される（一二・六）。

士師記が進むにつれて物事が悪化の一途をたどることを、これほどまで劇的に示すものはない。今にしてみると、娘の死をもたらしたエフタの不必要、不忠実な誓願は、悲劇の始まりに過ぎなかった。この文書の読み手は、それまでの士師たちによる長い統治に比べて、エフタがイスラエルを裁いたのがわずか六年であったことに胸を撫で下ろすのみである（一二・七）。そして、国が「平穏」であったという語り手の示唆がないのは驚くに値しない。エフタの娘、そして四万二千のエフライム人の死を考慮すれば、平穏などなかったのである。すなわちエフタの物語は、不忠実や偶像崇拝の暴力的な効果を生き生きと描き出すことによって、士師記全体の預言的な機能を促進している。読み手は、古代のであれ現代のであれ、偶像崇拝や不従順にどのように連座するのかを考えるよう促される。これは従って、悔い改めと、神の民に応えて神が示しているような値高い恩恵のために、自己主張を放棄する忠実で正しい生活への呼びかけになっている（上記の一〇・六―一六についてを参照）。

一二・八―一五
イブツァン、エロン、アブドン　祝福の幕間

一〇・一―五についての注解で述べたように、本文書におけるいわゆる小士師についての素材は、士師の全数を十二にするためだけに取り入れられた可能性があり、その場合、一〇・一―五と一二・八―一五が提供する神学的な重要性はほとんどない。それでもなお、ギデオンに始まるパターンは注目に値する――すなわち、いずれの大士師による統治（六―八章、一〇・六―一一・四〇、一三―一六章を参照）も暴力で終わるか、その後に暴力が続いている（九章、一二・一―七、一七―二一章を参照）。このパターンは、本文書を特徴付けている漸進

的な劣化を表しており、止むことのない偶像崇拝や不従順がますます暴力的で混沌とした状況を生み出すことを示唆している。しかしながら、最後の三人の大士師の挿話の間には、二つの小士師のリストがある（一〇・一―五についての注解を参照）。

この配置が単なる偶然ではないとすれば、一〇・一―五と一二・八―一五は、物語的に、また神学的にすら機能している。上で述べたように、この二つの部分は、エフタの物語を枠付けている。そしてヤイル（一〇・三―五）、イブツァン（一二・八―一〇）、アブドン（一二・一三―一五）の大家族と、エフタの唯一の娘との間には顕著な対照がある。この物語順序に辛辣さを加えるのが、イブツァンが「三十人の娘を一族以外の者に嫁がせ、三十人の息子には一族以外から三十人の嫁を迎えた」（一二・九）という注記である。もちろんこれと著しい対照をなして、エフタは自分の唯一の子を殺す。彼はその後、自分の一族以外の民、数千人の殺戮へと進んでゆく。一〇・一―五と一二・八―一五が持ち得る神学的な機能は、旧約聖書の他の箇所において神の祝福のしるしと見られている子供への集中とも関連する。一〇・一―五と一二・八―一五は、イスラエルによる神への不忠実を示す、次第に増大する暴力の物語の間に置かれることで、イスラエルの不忠実にもかかわらず、神の忠実が豊かであることを証している。士師記を特徴付けている漸進的な劣化のパターンの中で、一二・八―一五が関連を示唆しているものがあるとすれば、それは、トラとヤイルに比して相対的に短いイブツァン、エロン、アブドンによる統治期間である。それでもなお、エフタとサムソンの騒然とした悲劇的な挿話の間の相対的な平穏は、イスラエルの偶像崇拝や自己主張が増大しようとも、生命をもたらす神の目的が最終的には挫かれ得ないことを示している。

一二・八―一五がこの種の神学的な役割を果たしているとすれば、上で述べたパターンが士師記内で完結していないことが顧慮されなければならない。すなわち、サムソンの物語の後には暴力が続くが、ギデオンとエフタの後に続く一〇・一―五と一二・八―一五が与えているような小休止はない。士師記は全体的な混沌によって幕を閉じる。この観点から見れば、一〇・一―五と一二・八―一五に相当するものは、サムエル記上に見つかるはずである。イスラエルの生命が完全に堕落し、民が自らを滅ぼしかけた後でも（士師記一七―二一章）、神は民を見捨てようとしない。サムエルは最初に、神の側である新しい戦略を始動させる。しかしもちろん、王制は、士師記がまさにそうであるように、混沌の内に終わりを迎える。それもまた、物語の終わりではない。一〇・一―五と一二・八―一五が確証しているように――また事実、士師記を通じて繰り返されるパターンが確証しているように――神は頑迷な神の民を単純には諦めようとしないのである。確かに、不忠実と不従順には常に破壊的な結末がある。しかしそこには、聖書に常に見られるように、多くの恵みがある。

一三・一―一六・三一　サムソン、彼の母、彼の愛した人々

最後の、そしておそらく最も有名な士師がサムソンである。しかしながら、サムソンについての多くの人の知識は、彼のデリラとの関係に限られたものである（一六・四―三一）。そして人々の知識の源は、聖書のテクストと並んで、セシル・B・デミルの映画『サムソンとデリラ』であろう。サムソンの物語には、最高級の映画を

作り出すあらゆる特徴――過激な暴力、ロマンス、セックス、R指定のユーモア――が含まれている。デミルが魅了されたとしても不思議ではない。

当然のことながら、サムソンの物語は長きにわたって、良きものとして認識され、注解者たちはきわめて正しく、これを民俗学や伝統的な講談の観点から分析してきた。例えばジェームス・クレンショウは、サムソンの物語は「イスラエルの物語芸術の絶頂を示している」と結論付ける（Crenshaw, 149）。クレンショウらが指摘するに、一般の読み手たちと非常に洗練された読み手たちのいずれもが、常にサムソンの物語に引き寄せられてきた――ヘブライ人への手紙の著者（一一・三二を参照）から、サムソンをヘラクレスの並行として、キリストの予型として見た初代教父たち、ジョン・ミルトンと彼の『闘士サムソン』（Crump を参照）、セシル・B・デミルに至るまでである。

民俗学の観点からサムソンの物語を見ると、サムソンは聖書ならびに他のさまざまな文化の古代文学における特定の典型的な人物像に同定できる。例えばスーザン・ニディッチは、サムソンを「文化英雄」、「ペテン師」、「盗賊」といった見出しの下で描き出す。「文化英雄」の特徴としては、サムソンの普通ではない誕生（一三章）、旧来の敵であるペリシテ人に対抗するために彼が用いる超人的な強さがある。「ペテン師」のモチーフは、一四―一六章の出来事において特に明白である。そこでは、さまざまな出会いや結果の紆余曲折に、欺き、謎、巧妙な復讐が含まれている。これと関連する型が「社会的な盗賊」である。この者は、典型的には抑圧された集団に味方して社会の辺境で活動し、見たところ無敵であるが、最後には死んでしまう。

ロバート・オールターは、サムソンの物語の「道徳的」、芸術的な機微を評価するために、民俗学の先に進むよう呼びかけるが（Alter を参照）、ニディッチが既に士師記一三―一六章の重大な道徳的次元を認識していたことは明らかである。彼女は次のように結論付ける。

最も重要な主題と関心として……、サムソンが文化英雄、ペテン師あるいは盗賊として見られるか否かは、辺境者による抑圧的な権威との対峙、より具体的には、イスラエルによるその敵ペリシテ人への処遇である。英雄の誕生、女たちや襲撃者たちとの冒険活劇、最終的な彼の死に関する場面はいずれも、見たところ容赦のない強者に対する弱者の勝利を強調している。……サムソンの物語はそれ自体、希望と弁明の力強い声明であり、非イスラエル世界との関係に固有の問題に対する心底からの批評である。(Niditch, "Samson as Culture Hero," 624)

換言すれば、サムソンの物語が関わるのは、士師記全体が関わっていることである——特にカナンの文脈の中で、残酷な抑圧に反対する神の意志や、神の民が神の意志を具現化することの困難さである（序論の四を参照）。サムソンは確かに一種の「英雄」であるが、彼の物語は、士師記において、サムソンが士師たちの中で最悪でもあることを示すに至っている。ギデオン以降、物事は次第に悪化してきた。そしてサムソンの後には、完全な混沌へと堕落する。サムソンは最後の士師として、一連の士師たちの輝かしい集大成ではなく、むしろその底知れぬ結末を表している（序論の二cを参照）。サムソンの功績は印象的であり、数多くのペリシテ人を殺したものの、彼は最善でもイスラエルをペリシテ人の抑圧から救い始めただけである（一三・五を参照）。サムソンの生涯とその物語の終わりで、物事が以前よりも良くなることはない。そして一七—二一章が何らかの示唆であるとすれば、物事は実際には更に悪化している。

上で述べたように、サムソンの物語が、神の意志に関わる物語であるとすれば、それは主として、神の意志を成し遂げることの困難さに関わる。民の救助のための神の意志は十分に明確である。しかしサムソンの不忠実もまた明確である。彼は、一三・五で告げられるナジル人の誓願を毎度のごとく破っている。謎に満ちた物語の中でもおそらく最大の謎は、ジェームス・ウォートン曰く、「性欲過剰の道化にあまりにもよく似た」（Wharton, 58）サムソンのような人物を通じて、神があらゆることを成し遂げ得るということである。

確かに、神は彼を通して多くは成し遂げなかった。しかし明らかになるように、サムソンは少なくともペリシテ人に打撃を与えた――実際の救助ではなかったが、少なくとも始まりだった（一三・五）。サムソンの物語の不完全さ、そしてまさに士師記全体の不完全さは、士師記をより大きな正典の文脈、特に正典の預言者の文脈で読むことへの招きである。正典の預言者は、究極の謎ないし神秘を証している――忠実、正義、平和を熱烈に望む神が、その絶えることなき不忠実や不従順が常に混沌や破壊をもたらす民に対して、尽きることなく身をささげているのである。これはもちろん、一言で言えば、恵みの謎である。サムソンの物語、士師記全体、正典の預言者全体は、神が意図する生命を生み出す契約忠誠への神の熱烈な要望をはっきりと述べている。それらは不本意にも、混沌や破壊をもたらす人間の不忠実を書き留めているものの、神の民が生み出す混乱の只中で、神の変わらぬ存在と献身を確証している。預言者の諸文書――士師記（特にサムソンと一七―二一章における余波をその底辺とする士師記）を含む――は、希望の力強い声明である。サムソンのような「文化英雄」への希望ではなく、むしろ神への希望である。神の恵みはわれわれが把握する能力よりも偉大であり、神による正義、公正、平和への献身は、われわれの理解をはるかにまさっている。

一三・一―二五　英雄の母か、英雄としての母か

物語は、イスラエルの民が再び「悪を行った」「主は彼らをペリシテ人の手に渡した」（一節。なお二・一一、一四、三・七―八、一二、四・一―二、六・一、一〇・七―八を参照）という具合に、典型的なパターンの開陳であるかのように始まる。しかしパターンはすぐに変化を見せる。民が助けを求めて神に叫ぶことは、物語のどこにもない。語り手はペリシテ人を抑圧者と見なしているようであるが、民はそうではない。事実、物語の後の方では、民は「ペリシテ人がわれわれの支配者である」（一五・一一）ことを完全に甘受しているように見える。これは良いしるしではない。少なくともギデオンは正しく、「主があなたたちを治める」（八・二三）ことを確証している。彼の振る舞いがすぐにこの確証を裏切ったとしてもである。しかし今や民は、神が彼らの支配者であるとの手がかりを持っていないように見える。もし士師記における問題が、民による土地住民との交わりであるとすれば（二・二、三・六を参照）、民は今や、ある新たな低みに達している。彼らは、自分たちがペリシテ人による支配を認めることが、彼らの潜在的な救助者であるサムソンをペリシテ人に引き渡すことになるという点に関して、完全に黙従している（一五・一二―一三）。

王国時代以前におけるサムソン物語の起源に関して言えば、おそらくはユダの民がサムソンをペリシテ人に引き渡したのだと思われる。サムソンがダン出身であり、彼ら自身と出自を同じくする者ではなかったからである。しかし本文書の正典上の形態に関して言えば、神の民が結束して神への忠誠を誓い、土地住民に対抗したとされている（二・二、ヨシュア記二四章を参照）。歴史的にも、正典上の観点からも、不一致が原則であり、救助は

まるで問題にならない。

　しかし神は、この不忠実な民を終わりにしない。彼らが叫びの声を上げずとも、神は救おうとする。確かに、神が救助者を立てたと明示的に言われることはない（二・一六、三・九、一五を参照）。しかし二節に始まる物語は、ある少年の誕生につながり、「彼はイスラエルを救い始める」（五節）。救助が完全なものとならないということは、物事がある新たな低みに達したことの別の示唆である。問題は、民による信仰の欠如やペリシテ人による支配の黙認だけでなく（上記を参照）、サムソン自身もあまりに忠実でないことにある。そして彼がペリシテ人の支配に完全に黙従していないとすれば、彼はペリシテ人の女たちに対するその弱さによって、定期的に敵と接触し続けることになる。これによって彼は、複数の復讐の機会を得て、多くのペリシテ人を殺す。しかし彼の絶頂の勝利でさえも、彼自身の終焉を表しており（一六・二八―三一）、そこにはイスラエルの完全な救助は含まれていいないのである。

　従って、サムソンが英雄であるとすれば、彼は明らかに欠点ある英雄である。彼はペリシテ人の女たちの魅力を追い求め、ペリシテ人に個人的な復讐を行うのに忙しく、イスラエル救助への関心ないし傾倒はほとんど示さない。物語の絶頂でさえも、個人的な復讐以外の何物でもない（一六・二八を参照）。サムソンは最後に神に助けを求めて嘆願するものの（一五・一八―二〇も参照）、神が授ける力は、空しい勝利をもたらす――サムソンは死んで、救助はない。

　従って、物語の中に本当の忠実な英雄がいるとすれば、それはサムソンではなく、むしろサムソンの母であると思われる。彼ではなく、彼女こそが、忠実さ、神や神の言葉への配慮、そして良い意味での素朴さの模範である（二三節を参照）。一三章の多くが、サムソンの両親であるマノアと彼の名の知れぬ妻に割かれているのは驚くに値しない。サムソンの母が果たしている主要な役割は、士師記における女性としては異常ではなく（序論の三dを参照）、彼女が名の知れぬままであることに驚かされる。士師記における他の主要な二人の女性であるエフタの娘（一一・二九―四〇）とレビ人の側女（一九章）の名も知られていない。彼女たちの場合には、名の知れぬことは、疎外と犠牲を示しているように見える。しかしこのことは一三章には当てはまらない。サムソンの母は明らかに彼女の間抜けな夫よりも様相よく、彼女が受ける誉れを得た神の啓示に対して思慮深く、忠実だからである。

おそらくテクストから引き出される別の謎として、サムソンの母はなぜ名の知れぬままなのだろうか。ロバート・オールターによれば、この「サムソンの母の名が知れぬことは、実に便利である。なぜなら、彼女が語るないし行動するときにはいつも、彼女のことを『女』と呼ぶことができるからである」。オールターはこれに先立って、この語をサムソンの物語の主題と定めている（Alter, 51）。すなわち、オールターによれば、一三章は、サムソンの物語における女性たちについての他の言及を効果的に予見している（一四・一―二、一六・一を参照、そこでの「遊女」は、文字通りには「売春の女」。なお一六・四も参照）。更に、役割の逆転――名の知れぬ女の方が、彼女の無知な夫に比べて、明らかにより肯定的な登場人物である――は、士師記における同様の役割の逆転に一致しており、そこでは女たちが、伝統的な男の役割を占めている（特に四―五章のデボラとヤエル、九・五三のアビメレクを殺す女を参照、なお序論の三dも参照）。

アデル・ラインハーツは、役割の逆転とも関連する別の解決案を提示している。彼女が示唆するに、サムソンの母の名が知れぬことは、天使が名を明らかにするのを拒否したことの光の下で理解される（一七―一八節）。この両者の名が知れぬことは、天使とサムソンの母との間の親密さを強調し、サムソンの母が中心的な役割を果たしていることの強調に寄与している。

神から遣わされた存在として、天使の名が漏らされることはない。その女自身は神ではないが、彼女は神的な存在と出会い、知っており、名の知られた人間たる彼女の配偶者との間よりも量的、質的にはるかにすぐれた関係を持っている。彼女の息子もまた、その女によって名付けられ、神からの約束を得るが、その後のサムソン伝では、彼のあまりに人間的な失敗をあらわにしており、士師として、またペリシテ人の支配からの潜在的な救助者としての彼の役割の期待に応えていない。(Reinhartz, 29)

ラインハーツの結論は、サムソンの母こそがサムソン物語の真の英雄であるという上記の提案を補強する。またここには、謎に満ちたテクストの中で、更なる隠された謎があるかもしれない。すなわち、士師記一三―一六章の読み手は、士師記一三―一六章の全登場人物の中で、ある名の知れぬ女が、神と最も近い関係を持ち、神が士師記を通じて神の民に望む振る舞い――神の言葉への配慮と、他国やその破壊的な道から遠ざかる特有の生活様式――の模範であることに気付くことができるだろうか。

天使の告知では当然のことながら、サムソンもまた、それらから遠ざかることになっていた。しかしサムソンは、彼に特有のナジル人の地位に何ら注意を払わなかった(下記を参照)。サムソンがそれらの言葉(一四・三を参照)や、忠実さや良識を含めた彼の母の実例を顧慮していれば、彼はおそらく、士師の務めを台無しにして、(少なくとも士師記内で)劇的だが不名誉な結論へと導くことを避けられたかもしれない。いずれにせよ読み手は、サムソンの母を単に英雄の母としてでなく、むしろ英雄として、士師記一三―一六章において神の言葉と神の道に忠実であることを示す登場人物として見るよう促されているのである。読み手は常にこの現実を見分けることができず、むしろ「性欲過剰の道化」であるサムソンを物語の英雄として見る傾向がある――力は、その見た目や、効果はなくともその開陳の印象によって、容易に誤解を招く。士師記一三章や、士師記の他の箇所における女性たちの描写によって行われる役割の逆転は、イエスや彼の宣教によって行われる役割の逆転や神の国の具現化を予見している。そこでは、最後の者が最初になり、最も偉い者が仕える者になる。士師記一三章に違わず、イエスは名の知れぬ女を英雄にする術を心得ていた(マルコ一四・三―九を参照)。

H・R・ヤウスが主張するように、文学作品の美的価値は、それが読み手の期待を挫くないし裏切るときに最も高いのだとすれば、サムソンの物語は美的な傑作である(Reinhartz, 25を参照)。一三章には、サムソンが英雄になるであろうとするあらゆる示唆があり、それらには、以下で順に論じる次の要素が含まれている。(一)天使の登場と不妊の女への告知、(二)ナジル人の誓願、(三)「主の霊」と関わる神の祝福(二四―二五節)である。従って、あまり注意を払わない読み手が誤解して、サムソンがこれらの期待を失望させていることを見落とし、サムソンの母が真の忠実な英雄であるという謎を見分けられないのは、おそらく無理からぬことであろう。

サムソンの父が最初に、マノアという名をもって言及されているのは、家父長的な文脈の典型である。しかしこれもまた、失望へと至ることになる期待を仕掛ける語り手による別の小さなトリックかもしれない。一三章における主要人物は、マノアの名の知れぬ妻(上記を参照)と主の天使である。マノアの妻が不妊だったと言われ、その直後に子が約束されるのは、他の不妊の女と彼女たちへの神の約束を想起させる。サラ(創世記一一・三〇、一八・九―一五、二一・一―七)、リベカ(創世記二五・二一―二六)、ラケル(創世記二九・三一、三〇・二二―二四、三五・一六―二〇)、ハンナ(サムエル記上一・一―二八)である。これらの女たちの息子たちは、旧約聖書の登場人物の中でも、最も重要で英雄的な者たちである。すなわち、イサク、ヤコブ、ヨセフ、サムエルである。

サムソンの母は、天使の登場とその告知を彼女の夫に恭順に報告し（六―七節）、天使が戻って来たときには彼女の夫を迎えに行くものの（一〇節）、物語の中でより警戒と知性を備えた役者は彼女である。天使は、マノアに対して、彼の妻が既に彼に語ったことを聞くように告げ、事実上、彼を出しゃばらせない（一一―一四節）。神を見ることに関するマノアの心配は、旧約聖書の他の箇所に見られる伝統を反映しているものの（二〇節、なお創世記三二・三〇、出エジプト記三三・二〇を参照）、彼の恐れは滑稽なほどに調和していない。そして彼の妻の合理的で明敏な反応は、事態を落ち着かせる。しかしマノア、彼の妻、天使の間の滑稽なやり取りの中には、読み手にサムソンへの期待を高めさせる旧約聖書の他の箇所への示唆がある。一五―二〇節は、アブラハムと、サラが息子を産むと彼に告知した使者への彼のもてなし（創世記一八・一―一五）、ならびに夜通し格闘した「人」にその名を教えるよう求めたヤコブ（創世記三二・二二―三二、特に二九節）を想起させる。

これらの示唆によって、読み手は、生まれてくる子サムソンが、アブラハム、イサク、ヤコブと同じ重要性を持つことになると期待する――すなわち、神の民の未来が脅かされている重要な時点で、サムソンが民の創造ないし再創造を促す者になるというのである。名についてのマノアの質問に対する天使の反応は、これらの高い期待を強める（一八節）。天使の名は、曰く、「不思議」である。そしてマノアはその後、「不思議を行う」神に犠牲をささげる（一九節。NRSVの注釈を参照）。一八―一九節において繰り返されるヘブライ語語根は、*pl'* である。これは、神がサラに息子を授けると告知する文脈にある創世記一八・一四を想起させ、また常に、神が救助をもたらす「奇跡」も表す（出エジプト記三・二〇、一五・一一、ヨシュア記三・五、士師記六・一三を参照）。ここでもまた、サムソンが英雄的な救助者になることがまさしく示唆されている。

この期待は更に、生まれてくる息子は「生まれながらにしてナジル人として神にささげられている」（五節）という告知によって強められる。ＮＲＳＶの注釈が示すように、「ナジル人」という単語は、「分離された者」ないし「ささげられた者」を意味する。イスラエルの問題が、特にカナン住民との彼らの交わりに表れる偶像崇拝や不従順であることに鑑みるに（二・一―五を参照）、民は特に「分離された者」となる指導者、神への奉仕のために明確に分離され、他人をこの方向に導くことのできる者を必要としているようである。ギデオンに始まる悪化への転換と、エフタに引き継がれた漸進的な劣化に鑑みるに、その必要性は、士師記のこの時点におけるわめて逼迫していた（序論の二ｃ、六―八章や一〇・六―一二・七についての注解、特に八・四―三三、一一・二九―四〇、一二・一―七を参照）。士師記の中で、イスラエルの民がペリシテ人の支配に黙従し、救助が問題にならなくなっていたこの時点においては（一五・九―一三、上記を参照）、並外れた能力が必要となる。

これによって、次の指導者がナジル人でなければならないことだけでなく、ナジル人の誓願が民数記六・一―二一で構想、描写されているような単なる一時的な奉献ではない理由も説明されるかもしれない。危機が、終生のナジル人を必要とするほどの規模であることから、サムソンは「生まれながらにしてナジル人として神にささげられている」のである（五節）。サムソンの母が天使の告知を彼女の夫に伝えるとき、彼女は加えて、サムソンは「生まれてから死ぬまで神にささげられているナジル人です」と言い、終生の地位であることを強調している。多くの注解者たちが指摘するように、天使の使信についてのこの詳細は、一六章におけるサムソンの劇的な死（当然のことながら、彼のナジル人の誓願への不忠実ゆえの）を予見している。ミエーク・バルのように、サムソンの母が付け加えた言葉が、彼女の息子に死を運命付ける効果を持つ（Bal, 31, 74-75）と結論付ける必要はない。七節の詳細に関して、終生のナジル人の地位を強調し、おそらく一六章を示唆する以外に重要性があるとすれば、それはおそらく、イスラエルの次の主要な指導者を予見することであろう――すなわち、サムエルである。彼の母もまた、彼が生まれる前から彼をナジル人として離し（神の指示のもとにではないものの）、彼は「死ぬ日までナジル人」（サムエル記上一・一一）になると神に約束する。

正典上の順序で、まさに次の指導者のサムエルも終生のナジル人でなければならず、また彼が最初に行うべき務めが、目下のペリシテ人の脅威への対処であること（サムエル記上四・一を参照）は、サムソンによる失敗の更なる証言である。確かに、語り手は読み手に対して、五節の動詞「始める」を通じて、サムソンの失敗がどのようなものになるのかを警告していた。しかし読み手は、この手がかりをいつも見逃して、サムソンを英雄として、また上で述べたように、キリストの予型としてさえ解釈することに固執してきた。五節に注意を払い、士師記ならびにより大きな正典の預言者における士師記一三―一六章の文脈を正しく評価すれば、読み手は、サムソンが一四―一六章で行うことのほぼすべてが、彼のナジル人の地位に対する違反であることに気付くだろう。確かに、一三章が、サムソンと彼の功績に関するより古い物語への後代の付加である可能性はある。しかしこれは問題のある結論である。なぜなら一三章には、一六章におけるサムソンの髪の毛の重要性を理解するのに必要な情報が含まれているからである。いずれにせよ、一三―一六章の最終形態において、特にそれを直近ならびにより大きな文脈で見たとき、サムソンほどの悪人はいない。

サムソンは、彼のナジル人としての地位のあらゆる要素に違反する。サムソンは明らかに、「ぶどう酒や強い飲み物」（一四・五、一〇を参照、なお民数記六・三も参照）を遠ざけようとしない。死骸との接触を避けようとしない（一四・八を参照、なお民数記六・六―八も参照）。愚かにも彼の髪の毛を切らせてしまう（一六・一五―二二を参照、なお民数記六・五―六も参照）。サムソンはもちろん、士師記の初めから禁じられていることである（二・一―五、なお三・六を参照）、「この地の住民との」（二・二）接触（きわめて文字通りの）を続ける。事実、この後のサムソンの物語は、彼のペリシテの三人の女との出会いを中心に首尾よく構成されている――ティムナの女（一四・一―一五・二〇）、ペリシテ人の町ガザの遊女（一六・一―三）、デリラ（一六・四―三一）である。

　しかし、一四―一六章ならびにサムソンの（誤った）行為へと移る前に、サムソンについての期待感を高める一三章の最後の側面について考える必要があろう。サムソンの実際の誕生を報告した後、語り手は次のように言う。「主は彼を祝福した。主の霊は彼を奮い立たせ始めた」（二四―二五節）。これはきわめて末頼もしく聞こえる。しかしながら、五節に共鳴する動詞「始める」の繰り返しはおそらく、読み手に注意を促すものである。一四―一六章には、サムソンが「祝福」された証拠が十分にある。あるいは、ジェームス・C・ハウウェルが「気ままな恋の戯れ」の中で指摘するように、「サムソンについて言える最初のことは、彼には賜物が与えられているということである」（強調引用者）。しかし本当の問いは、サムソンが彼の賜物ないし祝福で何をするのかである。一三章の最後では、これはまだ見えない。そして一四―一六章が示すのは、サムソンの賜物が主として、ペリシテ人の女を追い求め、自分の目的を妨げようとするペリシテ人への個人的な復讐を果たすために用いられるということである。

　要するに、リチャード・G・ボウマンが士師記一三―一六章ならびに士師記全体に関して指摘しているように、神から「祝福」されることや「主の霊」から賜物を与えられることは、その人物が神の目的を果たすことの保証ではないということである。

士師記の語り手は、ヘブライ人の生命に積極的に介入する者として神を描いているものの、人間の罪への処罰を正当化するときだけは、制限なく首尾よく行為する神を示している。語り手による描写は、抑圧からの救助の過程を手引きするために介入する神も示している。この過程の最初のステップが、神による人間の指導者の選出である。しかしながら、この神の権威の行使は、無条件で成功するわけではない。成功は、それに続く人間の指導者の行動にかかっている。

この描写は更に、神が人間の指導者と共にいること、あるいは指導者への主の霊の憑依が成功の保証とはならないことを示唆している。神の成功は、人間の適切な反応に左右されるようである。それゆえに、神の力の行使は、人間の自由の行使によって制限され、自由の行使はしばしば、人間の潜在力を誤用、濫用する。従って、神は人間の行動に影響を与えることはできるが、命令はできない。神が行動するのは、罪を処罰するためで、それを防ぐためではない。（Bowman, 38-39, 強調引用者）

ボウマンによるこの評価は、上で述べたように、士師記における主の霊は、救助をもたらす効果という点に関して、効果が減退しているということと調和する。最初の士師オトニエルは「主の霊が彼に臨んだ」（三・一〇）ときに即座に救助を遂行したのに対し、ギデオンへの霊の憑依は、比較的小さな効果しか持たなかった。彼は確かに動き出したが、恐れ、躊躇し続け（六・三三―四〇）、民を偶像崇拝に引き戻して終わった（八・二二―二八）。同じく、「主の霊がエフタに臨んだ」とき（一一・二九）、彼は愚かで不忠実な誓願を立て、それが彼の娘の死を招き、続いて血みどろの内戦が起こった（一二・一―七）。この傾向は励みにならない。サムソンには霊が他の士師たちよりも多く臨むものの、最も効果が少ないのは驚くに値しない（一四・六、一九、一五・一四を参照）。確かに、サムソンの力強さは印象的で、その功績は愉快である。しかし神の目的である抑圧からの救助に関しては、本質的に何も成し遂げられていない。事実、サムソンは、ペリシテ人に対する蜂起への支援の結集を試みようともしない。

換言すれば、サムソンは、ボウマンの言葉を借りれば、神の祝福や力の授与への「人間の適切な反応」を示すことに完全に失敗している。その結果として、神の目的は果たされていないままである。サムソンが、行きずりの一打であってもペリシテ人の勢力を撃つ――イスラエルをまさに救い始める（五節）――のは、彼の忠実さの証ではなく、神の忍耐強い恵みの証である。物語の中に、サムソンの母以外に忠実な英雄がいるとすれば、それは神である。神はサムソンに対して絶えず忠実であり（一六・二八―三一を参照）、サムソン自身は神に対して絶えず不忠実である。

一四・一―一五・二〇　一人目の愛人・ティムナの女

サムソンの最初の行為がペリシテ人の女との恋に落ちることであったのは意味深い。彼は両親に、彼女を「わたしの妻として迎えてください」（一四・二）と求める。サムソンの両親は、息子のこの最初の不忠実な行為に反対する。物語の最初期の起源の観点から見ると、彼らの反対の理由には、必要とされた花嫁料が含まれていたのかもしれない。しかし士師記の最終形態の観点から見ると、「無割礼のペリシテ人」（一四・三）の中から妻を迎えることが、不浄なものを避けることを含む、サムソンのナジル人の地位に違反することだったのかもしれない。しかしこれはいずれにせよ、イスラエルの民は他の民や国と交わりを持たないという神の意図（二・二、三・六を参照）に対する違反である。父母の反対へのサムソンの反応は、少なくとも忠実さよりもむしろ性的な魅力が関わるときには、彼は不屈になれることを示している。彼は、「彼女をわたしの妻として迎えてください」（一四・三）と自分の要求を繰り返し、そこに、ＮＲＳＶが because she pleases me〔新共同訳では「わたしは彼女が好きです」〕と訳している説明が加わる。より文字通りには、この説明は次のようになる。「彼女はわたしの目に正しいからです」（一四・七も参照）。すなわちこれは、「各々が自分の目に正しいことを行っていた」（一七・六、二一・二五）という混沌とした一七―二一章の枠構造として機能する評価を不吉にも予見している。結局のところ、サムソンは影響力のある指導者であったように見える。しかし不幸にも、彼は民のすべてを誤った方向へと導いたのである。

従って、次節の一四・四において、語り手が描くサムソンの出来事に神が関わる様子は印象的である。ＮＲＳＶの pretext〔新共同訳では「手がかり」〕は誤解を招く。神はペリシテ人の抑圧や不義に反対するための「口実」を要さない。神は常に抑圧に反対する。神が要するのはむしろ、「機会」ないし「きっかけ」（an occasion, ＮＩＶ）であり、神はこれを、神に賜物を与えられながらも、あまりに人間的なサムソンに見出す。要するに、一四・四は、神が受肉的にはたらくことの確言である。神は、神の裁量で人間の才と共にはたらくが、サムソンの場合、そして事実、われわれ自身の場合にも、それらには欠陥がある。

士師記一四・四は、サムソンの不忠実や誤った振る舞いの確言として理解されてはならない。一四・四には事実上、しばしば誤解されるローマの信徒への手紙八・二八ならびにその「神を愛する者たち、つまり目的に従って召された者たちには、万事が良くなるようにはたらく」という確言に並行がある。この節は、われわれが行うことのすべてが良いこと、あるいはすべてが最善のものに変わることを意味してはいない。むしろ、われわれの罪深い自己やわれわれの最悪の悪事をも神は贖い得ることを意味している。サムソンの場合がまさにそうである。絶えることなき自己主張の只中にありながらも、サムソンは神の目的の道具となる。世界を愛し、支配を人類に委ねる神（創世記一・二六―二八を参照）は、受肉的にはたらく以外はできない。これは、神は愛ゆえに、神の目的が果たされないという危険を冒すことを意味する。換言すれば、一四・四は、一三・五に照らして、また士師記内や士師記を越えるより大きな文脈を考慮して読まれなければならない。

　無謀で、性欲過剰で、不忠実なサムソンがペリシテ人からイスラエルをまさに救い始めたということは、神の忠実さと不断の恵みの証である。この点において、サムソンの物語は、人間の忠実さではなく、神の忠実さによって進展する聖書の物語全体と符合する。サムソンにとって、またわれわれにとって、良き知らせとは、神が恵みに富むということである。サムソンの物語は、使徒パウロが後に述べる真理をよく表している――神の目的の道具であるわれわれ人間が、「土の器」（Ⅱコリント四・七）としてわれわれの召命を果たすとき、われわれの務めが「神の憐れみによる」（Ⅱコリント四・一）ことを示している。パウロが述べる更なる教訓は、サムソン物語を解釈するのに特に重要である。なぜなら、サムソンはしばしば明確に、力強い英雄として解釈されてきたからである。パウロが言うに、「わたしたちは宝［すなわち、神の目的を追求するよう民に促すイエスの啓示］を土の器に納めている。この並外れて偉大な力が神のものであって、わたしたちから出たものでないことが明らかになるために」。サムソンは都合の良い時に、この真実を知る（一五・一八―二〇、一六・二八―三一を参照）。しかし一四―一六章におけるサムソンの行為の大半は、神の目的よりもむしろ、彼自身の目的を追求することを動機とする。

そこで、サムソンは我が道を行き、ティムナへと赴く。ティムナの問題は、魅力的なペリシテ人の女だけでなく、「ぶどう畑」（一四・五）でもあった。これは、ぶどう酒やぶどうとは関わらないように避けることとされていたナジル人にとって問題だった（民数記六・一―四を参照）。ティムナに潜む危険を考えれば、「若い獅子」（一四・五）の唸り声は、サムソンに遠ざかるよう警告する神の術であったかもしれないと考えられる（アモス書一・二、三・四、八を参照、そこでは、獅子の唸り声が神の言葉を合図する）。そうであるとすれば、サムソンはこの使信を受け取らなかった。彼はその獅子を殺す。「主の霊」が明らかにそれを可能にしたのかもしれない。しかし士師記における主の霊にまつわる曖昧さに鑑みるに（上記を参照）、サムソンが正しいことを行ったか否かは明確ではない。彼はなぜこのことを両親に告げなかったのだろうか。ナジル人は死体と接触してはいけないことになっており（民数記六・六―八を参照）、サムソンは自分の両親が、ナジル人の地位や神の目的全般を（一四・三を参照）、彼自身以上にはるかに深刻に受け止めていることを知っていたのかもしれない。そしてまたおそらく、サムソンは、自分が神からの潜在的な言葉を無視したことを、両親に知らせたくなかったのかもしれない。あるいはひょっとすると、語り手がサスペンスを組み立てる物語術の一環として、サムソンに、両親に情報を伝えさせなかったのかもしれない（一四・一六を参照）。

七節では、サムソンにとって、ティムナの女は「わたしの目に正しい」（NRSVではshe pleased Samson〔新共同訳では「サムソンは彼女が好きであった」〕）。一四・三を参照）と繰り返されている。獅子の死体に戻る場面（一四・八）は、サムソンの謎（一四・八―一四）の組み立てに寄与している。サムソンはまたしても、死体に接触する。そして再び、そのことを両親に告げない（一四・九）。

サムソンによって催された「宴会」（一四・一〇）はおそらく、またしても彼のナジル人の地位の違反と関わる。なぜなら、かつても今も、ナジル人が避けるべき「ぶどう酒や強い飲み物」（民数記六・三）のない七日間の祝祭など考えられないからである。宴会の最中とその後に起こる謎、謎返し、復讐は、おそらく誰もが若干はアルコールの影響を受けていたとの印象を与える。しかし、サムソンが「ペテン師」（上記を参照）の役割を果たしていると見る民俗学的な研究のカテゴリーが非常に役立つのは、物語の中のまさにこの点である。例えば、現代の礼儀作法の観点から見ると洗練さを欠き、無礼にも見えるサムソンの謎（一四・一一―一四）は、ペテン師のモチーフの重要部分である。

サムソンによる謎の提起が無礼に見えるだけでなく、謎自体も本質的に不公平に見える。サムソン自身以外に、この謎に答えられる人はいない。なぜなら、彼は獅子やその後の死体とのことについて、両親にすら話していなかったからである（一四・六、九を参照）。しかし当然のことながら、一四・一五―一八におけるペリシテ人の欺きや一五・一九におけるサムソンの復讐を組み立てるため、筋書きとしてはそのような謎が必要となる。更に、そのような私的な経験による謎は、古代文化における他の伝統的な物語にも見られる（Crenshaw, 112-14を参照）。そして明らかに、ペリシテ人は、サムソンによるこの種の戦略を既に予期していた。彼らは結局のところ、謎を解くのである。

確かに、彼らはサムソンが企てているのが何かを摑むのに三日を要している（一四・一四）。当初、彼らはおそらく、謎への「あからさまな」答えは、サムソンが心に抱いているものではないと結論付けた。ペリシテ人が賢くも退けた「あからさまな」答えは、物語の猥談の部類に入るが、士師記では目新しいものではない（序論の三e、ならびに三・一二―三〇、五・一―三一についての注解を参照）。おそらく、謎の最も「あからさまな」答えは、「嘔吐物」であろう。そしてこの答えは特に、十中八九、食べ物と飲み物の過剰摂取を特徴とする七日間の祝祭の文脈に合致するだろう。そのような場面では、「食べる者」はしばしば度を超えて楽しみ、「食べる者」の中に入るものが、「食べる者から」戻って出て来る。すなわち、「強い」若い祝祭参加者が、彼らが消費した御馳走――「甘いもの」――を吐き出すのである。謎への第二の「あからさまな」答えも、文脈によく合致する。祝祭は、結婚を祝うものであり、第二の「あからさまな」答えは、性的な風刺である。この場合、「食べる者」と「強いもの」とは新郎のことである。そして「食べ物」と「甘いもの」とは彼の精子のことであり、花嫁はこれを比喩的に、しかし気持ちよく「消費する」。この第二の答えは、最初のものほどあからさまではないものの、特に食べることは他の箇所においてセックスの象徴であることから、謎はほぼ確実にこの性的な風刺を含んでいる（Crenshaw, 114-17を参照、彼はそこで箴言三〇・二〇を引用している）。

いずれにせよ、ペリシテ人は明らかに、これら二つの答えはあからさますぎると結論付けた。そこで彼らはサムソンの妻に迫って、サムソンから答えを引き出そうとしなければ命を奪うと脅す（一四・一五）。彼女は、しらじらしく、しつこく感情を示すことで事を上手く運ぶ。それはデリラによるサムソンの取り扱いを予見する（一六・一五―一七を参照。一四・一七と一六・一六において、ＮＲＳＶではnaggedであるが、「迫った（pressed）」がより良い訳語であろう。一四・一七において、ＮＩＶではcontinued to pressであるのを参照〔新共同訳では「しつこくせがんだ」〔一四・一七〕、「しつこく迫った」〔一六・一六〕〕）。それから、彼女は答えをペリシテ人に伝え、彼らはサムソンに問いの形で答える（一四・一八）。それはおそらく、彼らの優位性を示そうとしたものであろう。ペテン師がペテンにかかったのである。

ペテン師の物語のまた別の典型的な特徴として、サムソンは復讐を果たす前に、ペリシテ人に対して、性的な風刺を含む謎のような告発の言葉で応答する（一四・一九）。語り手によれば、サムソンの復讐には「主の霊」

が関わる（一四・一九）。しかし既に述べたように、サムソンによる三十人のペリシテ人の殺害によって成し遂げられるのは個人的な復讐であって、彼の民の救助ではないことは明らかである。一四・二〇の注記は、この挿話に幕引きをもたらそうとしているように見えるものの、実際には別のペテンと復讐を設えるサムソンへのペテンになっている。

サムソンは、自分の妻が別の人のものになったことを知ると（一四・二〇―一五・三）、直ちに復讐を企む。一五・三は、サムソンが自分の以前の暴力的な復讐が、性急で非難に値するものであったと認めていることを示唆しているものの、一つの悪業は一つの見返りに値すると彼が結論付けることの妨げとはならない。ジャッカルと松明による妙技（一五・四―五）はまたしても印象的ではあるが、イスラエルの民の救助とは何の関係もない。皮肉にも、焼き殺されぬよう以前に嘘をついた妻（一四・一五を参照）が、ペリシテ人の火による復讐返しの犠牲となる（一五・六）。復讐の連鎖は一五・七―八に続き、サムソンはその実行者たちを殺す。

この時点で、物語は予期せぬ展開を迎える。今度はペリシテ人による復讐の番であり、物語の形式上、彼らはそれを企てていた（一五・一〇）。驚いたことに、サムソンはユダの人々によって拘束され、彼らは彼をペリシテ人に引き渡すのである（一五・一一―一三）。彼らの視点から見れば（また歴史的な視点から見れば）、これは得策であるように見える。しかし既に述べたように、士師記の最終形態の視点から見れば、これは物事がこれ以上ないほどに悪化したことを示唆している。士師記を特徴付けているパターンが一三―一六章で崩れている理由を最もよく説明するのが一五・一一―一三である。ギデオンに始まる漸進的な劣化は今や、民が救助を求めて叫ぶことすらしない点にまで達している（序論の二cを参照）。彼らは、ペリシテ人に代わって神が彼らを支配するとは全く思いも及ばない（一五・一一、なお八・二二―二三を参照）。なぜならイスラエルの民は本質的に、神とではなく、ペリシテ人と契約の関係にある（二・一―五を参照）。この地におけるペリシテ人や他の民の存在が、「イスラエルが主の命令に従うかどうかを知るためのイスラエルの試み」（三・四）であったとすれば、イスラエルの民は全くの失敗に終わったのである。彼らはペリシテ人の支配に完全に黙従している。既に述べたように（一三・一―二五についての注解、特にリチャード・ボウマンからの引用を参照）、神が救助を行うことができるためには人間の適切な反応が必要であるとすれば、サムソンがイスラエルをただ救い始めることができるのは不思議ではない（一三・五）。確かに、サムソン自身はあまりにも忠実ではないことが分かる。しかしサムソンは実際、彼の両親、特に彼の母を除けば（一三・一―二五についての注解を参照）、イスラエルの民全体よりも忠実であったのかもしれない。

サムソンは、自分自身の民に裏切られたにもかかわらず、ペリシテ人に対してまた別の復讐行為に出る（一五・一四―一七）。再び「主の霊」（一四節）が関わるが、またも復讐は個人的なもので、救助の効果はない。この出来事は、シャムガルによる六百人のペリシテ人の殺害（三・三一）を想起させる。シャムガルには一節しか割り当てられていないにもかかわらず、彼は「イスラエルを救った」と言われており、それはサムソンが四章を費やしても成し遂げられないことである。これは、士師記を特徴付けている漸進的な劣化の別の機微なしるしである。

ティムナの女の挿話は、サムソンの忠実さについての稀な一瞥で閉じられており、これはデリラとの挿話の終わりを予見してもいる（一六・二八―三一を参照）。サムソンは勝利を謙虚に神に帰し、神に助けを求める――一三―一六章においてイスラエルの民が全体としてできないことである（上記を参照）。一四―一五章におけるサムソンの自分自身の目的への絶えることなき追求や彼のナジル人の地位に対する繰り返しの違反に鑑みるに、水と生命を求めるサムソンの要求に神が顧みているのは、驚くべき恵みの表示である。この挿話は、出エジプト記一七・一―七を想起させる。そこでは、不忠実なイスラエルを荒野において支えるため、神が岩から水を与えている。デニス・オルソンが結論付けているように、「イスラエルの経験との並行は、サムソンが士師であるだけでなく、全イスラエルの隠喩でもあることを確固たるものにしている」（Olson, 851）。確かに、サムソンの不忠実は、士師記における、また士師記を越えたイスラエルの不忠実と並行する。サムソンの物語とイスラエルの物語は、本箇所や正典を通じて、またそれを越えて（新約聖書や現在に至る数世紀における教会の物語を含めて）、人間の忠実ではなく、神の忠実についての証言である。そこにイスラエルの希望がある。そしてわれわれキリスト者は、そこにこそわれわれの希望が、そしてまさに世界の希望があると告白するのである。

一六・一―三　二人目の愛人・ガザの遊女

サムソン物語の第二の挿話が始まると、サムソンは再び、ナジル人や、それどころか、どのイスラエル人もいるべきではない場所――ペリシテ人の町ガザにいて、ペリシテ人の女、今回は「淫行の女」（NRSVではprostitute〔新共同訳では「遊女」〕）を追い求める。サムソンは、自分がティムナの女を追い求めたことに伴った複雑な状況を顧慮して（一四・一―一五・二〇）、明らかに、遊女ならしがらみは少ないと考えている。しかしサムソンが既に数多くのペリシテ人を殺害し（一四・一九、一五・八、一五を参照）、彼らの収穫を破壊し（一五・五）、ごく最近に（少なくとも物語上は）ペリシテ人の拘留から脱しているのに鑑みるに（一五・一四）、ペリシテ人の領域における安全な性交などあり得ない。

ペリシテ人の女がサムソンをひきつけている間、ガザのペリシテ人の人々は、あるペテンを企てる。サムソンは夜の肉体的営みの後にはすっかり疲れてしまうと考え、ガザの人々は日の出時にサムソンを簡単に捕らえられると思い、待ち伏せる。しかしペテン師のパターンはなお有効である（上記を参照）。サムソンはペテン返しによって敵の裏をかく。サムソンは、彼らが考えるよりも早く出て来て、ペリシテ人の罠を逃れるだけでなく、ガザの「町の門」をも持ち去る（一六・三）。そしてサムソンはきわめて文字通りに、他の箇所では比喩的に描かれている勝利宣言をする――すなわち、彼は「敵の城門を勝ち取る」のである（創世記二二・一七、二四・六〇を参照）。しかしかなり明確に、これは軍事的な勝利ではないし、サムソンは彼の戦利品を対ペリシテ人の再集結点として使おうともしない。サムソン自身にとって、また民にとって、救助は問題外であるように見える。

ペリシテ人からのサムソンの逃避はまたしても、彼のナジル人の地位、士師記において既に述べられている神の意志（二・一―五、三・四―六を参照）に対する彼の不忠実を表している。更に、サムソンはガザの人々の裏をかいたにもかかわらず、ペリシテ人の領域に再び立ち入ろうとするのは、あまり利口には見えない。しかし当然のことながら、ペテン師のモチーフには、この種の筋書きが必要である。サムソンの明らかな判断力の欠如は、次の挿話ではより顕著である。しかしそれと同時に、彼の最後を飾るペテン返しもまたより劇的である。既に述べたように、ペテン師のパターンは、抑圧に対する神の反対を描き出すことに寄与している。そして神が、不忠実で優柔不断な（おそらくペリシテ人の女を追い求めることを除いて）サムソンを用い続けることは、最終的には、受肉的にはたらき、その計略が恵みに基づく神についての証である（一四・一―一五・二〇についての注解を参照。また下記の「省察　サムソンと文化戦争、かつてと今」を参照）。

一六・四―四一　三人目の愛人・デリラとサムソンの致命的な誘惑

サムソンはまるで学んでいないようである。先の挿話における少なくとも二つの事例にもかかわらず、またペリシテ人の女たちを追い求めたことで生じた避けることのできない複雑な状況にもかかわらず、サムソンは一六・四において、再び同じことをする。更に、サムソンは一六・一―三ではペリシテ人との性交渉の危険性について純真だったとすれば、ここでは全くの無知である。デリラは信じられないほど魅力的だったに違いない。なぜなら、彼女がサムソンから情報を得る作戦は、巧妙さが微塵もないからである。彼女はきわめて直接的にサムソンに問う。彼を「縛り上げて苦しめるにはどうすればいいのでしょう」（一六・六、なお一六・五を参照）。そして彼女は、サムソンが彼女に与えた情報に従って彼を縛り上げ、ペリシテ人を呼ぶ（一六・七―八）。サムソンは免れる（一六・九）。ペリシテ人たちが自分を捕らえようと外にいたことを既に知った者にとって、このナンセンスは一巡で十分なはずである。しかしそうではない。デリラは同じことをもう一度（一六・一〇―一二）、更にもう一度行うのである（一六・一三―一四）。この時点で、サムソンの明らかな愚鈍さは、信じられないほどである。

しかしそれ以上がある。ティムナの女との悲惨な経験から（一五・一五―二〇を参照）、秘密を明かすことの危険性について明らかに何も学んでいないサムソンは、デリラによる同じ類の装いの情熱的な懇願の餌食となる（一六・一五―一六、なお一五・一六―一七を参照）。直前に三回、デリラが待機するペリシテ人を呼び寄せたことも無視して、サムソンは彼女にすべて――ナジル人の地位も何もかも――を語る（一六・一七）。

サムソンのまるで信じられないほどの愚鈍さは、精神分析その他あらゆる類の推測を呼んできた――サムソンは禁じられた「他人」というおとりに誘惑された、彼にはセックスを危険と混ぜ合わせる強迫観念があった、などである。例えばオールターは、次のように雄弁に結論付ける。「愛のなめらかな手に握られた短剣のきらめきが、ティムナ以降、彼を興奮させてきたものである」（Alter, 53）。そのような推測は興味深いものの、一六・四―三一の筋書きは、サムソンの性心理学的な原動力よりも、ペテン師のパターンについてはるかに多くを語っている。筋書きでは事実上、必須でありながら劇的な最後を飾るペテン返しを設えるため、サムソンは最後にもう一度デリラによってペテンにかかる必要がある（Matthews, "Freedom and Entrapment in the Samson Narrative," 253-57を参照）。

ペテン師のパターンは、筋書きが進展するよう迫る一方で、著者／編集者は、オールターが「心理学的、道徳的」（Alter, 56）と呼ぶところのカテゴリーも取り入れている兆しがある。例えば、オールターが指摘しているように、一六・一五、一八、二〇、二八においてヘブライ語語根 *p'm*（NRSVではtimes［一五節］、time［一八節］、times［二〇節］、once［二八節］〔新共同訳では「回」［一五節］、「今度」［一八節］、「いつも」［二〇節］、「今一度」［二八節］〕）が四度繰り返されている。興味深いことに、この語根はより際立って、一三・二五において「主の霊が彼を奮い立たせ始めた」ことを表すのにも用いられている。オールターは、この動詞はある種、何かに憑かれたようなこと、あるいは強迫を意味すると解釈する。そしてサムソンはセックスと危険の結合を含め、「精神分析が反復強迫と呼ぶところのものの虜になった」（50）と見る。この主として心理学的な解釈は、一六章のより顕著な道徳的次元を取り入れているが、一五、一八、二〇節における「回」の繰り返しは、サムソンの道徳的な、すなわち精神的な弱さを強調している。連続する用例の最後が二八節であり、そこでサムソンはついに神の方を見て、「この一回」(NRSVではthis once〔新共同訳では「今一度」〕)限りの新しい力を求める。

この道徳的、すなわち神学的な次元は、捕虜サムソンが余興を演じるよう引き出された集まりの目的が述べられることで強められる。ペリシテ人は「彼らの神ダゴンに盛大な犠牲をささげるために集まった」(一六・二三)。そしてそれは、「われわれの国を荒らし、数多くの同胞を殺した敵をわれわれの手に渡してくださった」(一六・二四)ダゴンをたたえるためだった。語り手の視点から見ればもちろん、ダゴンはサムソンの不運とは何の関わりもない。むしろサムソンは事実上、ナジル人の地位に不忠実であり、彼自身の目的よりも神の目的の従者として際立つことに不本意であったために、ペリシテ人に引き渡され、捕虜となったのである。

確かに、ペリシテ人の視点と語り手/読み手の視点の間の相違は、道徳的、神学的な問題を際立たせる。読み手は、不忠実な指導者と不忠実な民を前にして、神は救助を行えないことを再び思い起こす。サムソンは生まれながらにして際立っており、自分の選ばれし地位にきわめて自覚的であったにもかかわらず(一六・一七を参照)、彼の行動はほぼ例外なく、神の目的よりもむしろ自分自身の目的を追い求めることが原動力であった。民がそれよりも良く振る舞うこともなかった。士師記一三―一六章では、彼らは神に助けを求めて叫ぶことなく、ペリシテ人に対する彼らの潜在的な救助者であるサムソンに頼ることさえしない(一五・九―一三)。神は救助を望んでいるものの、この物語にはそれが一切ない。

サムソンによる神への立ち帰りも、彼の民の救助のためよりも、ペリシテ人に対する個人的な復讐を果たそうとする欲望を表したものである。サムソンは本質的に、ほぼ最後まで無知なままであったように、最後まで自分勝手なままである(一六・二〇を参照)。サムソンとイスラエルの民の双方がこのような不忠実や自己主張に固執し、ペリシテ人の抑圧からの救助という神の目的を妨げていることは、士師記一三―一六章が、すべての預言文学と同じく、悔い改めへの呼びかけとして機能することを意味している。換言すれば、これはあらゆる時代の読み手に対して、今なお続く抑圧に伴う不義を含む、不忠実や不従順の避けようのない否定的な結末について警告している。サムソンによる神への立ち帰りはあまりにわずかで、あまりに遅すぎた。彼は死ぬが、最終的に彼のはたらきは、少なくともイスラエルの救助の始まりとして受け取られた（一三・五を参照）。民にしてみれば、彼らはペリシテ人の支配下に置かれたままである。そして士師記のその後の章では、外部の抑圧の暴力に、内部の不義と暴力の悲劇が伴う。本文書を特徴付けている漸進的な劣化は同時に、偶像崇拝や不従順の結果についての警告として、また神や神の目的への悔い改めと忠実の呼びかけとして機能している。

しかしサムソンの物語への結論が、警告の言葉を提示して、その神学的な次元を鋭くするなら、それはまた希望の言葉をも提示している。神の視点から見れば、サムソンやイスラエルの民との関わりは、途方もなく挫折感を覚える努力であったに違いない。特にサムソンについては、どれほどのエネルギー、力、才能がささいな追求のために浪費されたことであろうか。従って、神にとって、「臨終」のサムソンによる「この一回」（二八節）の求めに応じることは、計り知れない忍耐、顕著な寛容、驚くべき恵みの行為であり、心から神に立ち帰り、神の名を呼ぶことがもたらす効果の証明である。それは人間の絶えることなき不忠実を前に、神の忠実を示している。イスラエルの民と同じように、サムソンは繰り返し神を忘れる。しかし神がサムソンを忘れることはない。この場合の希望ある注記とは、神の目的が果たされることではない。なぜなら神の目的は果たされないからである。むしろイスラエルの希望は、滑稽なほどに不忠実な民に対して、愛情深く忠実な神にある。

上に示した士師記一三―一六章の解釈は、信仰の英雄としての、まさしくキリストの予型としてのサムソンの伝統的な説明とは大幅に異なる。指摘したように、サムソンは、ほぼ例外なく、不忠実である。そして自分の民を救助しない。物語の中に忠実な英雄がいるとすれば、それは神である。そして忠実な人間の英雄がいるとすれば、それはサムソンの母である。しかし士師記一三―一六章がサムソンの伝統的な解釈を支持していないとすれば、この「性欲過剰の道化」の物語はどうすればいいのだろうか。

さまざまな解釈の方向性は既に上で述べた。第一に、サムソンの物語は、人間を通じてはたらく神についての証言である。神は人間の高潔や自由を尊重するため、神の目的は、士師記一三―一六章においてサムソンとイスラエルの民の双方からそうされているように、脅かされ得る。サムソンがそれでもイスラエルを救い始めたというのは、不忠実な指導者と不忠実な民によってもたらされる挫折の只中での、神の忠実についての証言である。要するに、サムソンの物語は、神が恵みによってはたらくことを示している。

第二に、サムソンの物語は、抑圧に反対し、それからの救助を望む神についての証言である。サムソンが成し遂げることができなかったのは、残酷な抑圧からのイスラエルの民の救助である。民俗学者が指摘するように、一般的なペテン師のパターンの中心的な使信には、抑圧的な優勢者に対する弱者や疎外者の闘争が含まれる。サムソンについてのペテン師の物語の誇張やユーモアに埋め込まれているのは、イスラエルの神はすべてに生命を望むという神学的な確信である。

要するに、これら二つの証言は、聖書を通じた神の描写と合致する。聖書の物語によれば、人類はほぼ最初から不忠実であることを示しているため、神は、恵みによってのみ神の根本的な目的——「平和《シャローム》」をもたらす正義——を追求することができる（序論の四を参照）。何百万人、おそらくは何十億の人々が貧しいまま、抑圧され、疎外されている世界において、この聖書の証言はなお聞かれんとして叫んでいる。恵みを信じる者がほとんどいない世界において、この聖書の証言ほど時宜に適ったものはない。

サムソン物語におけるペテン師のパターンには、もう一つの主な側面があり、これもまた特に核心に触れる。既に述べたように、ペテン師のパターンは、ある種の英雄——信仰の英雄というよりもむしろ「文化英雄」——としてのサムソンの描写と重なり合う。特に、サムソンのナジル人の地位は、彼を生まれたときから一種の「究極のイスラエル人」、その生命がイスラエルの神にしかと忠実となるべき人として描くという効果を持つ。この意味で、サムソンは、士師記の語り手が冒頭から描き出している形——その地の民との接触を避けることで神のみに忠実であること（二・一—五、三・一—六）——での神の意志の代表者である。民の忠実さを「試みるため」に神がこの地に残した民のリストの中で、最初に言及されるのが「ペリシテ人の五人の領主」である（三・三）。三章の「試み」は、特にペリシテ人との、ある種の「文化戦争」を組み立てている。そしてナジル人サムソンは、神の側の主たる戦士である。

ある意味においてはもちろん、サムソンは神の側におり、多くのペリシテ人を殺している。しかしそれと同時に、サムソンは、特にペリシテ人の女を追い求める際、ペリシテ人の領域にしきりに現れる。確かに、ある視点から見れば、サムソンの振る舞いのこの側面は、優勢と思われているペリシテ人と対等であることを確かめるイスラエルの民の手段として理解され得る——すなわち、われわれの連中は、ペリシテ人の女をめぐって、お前たちの連中と競えるのだというのである。しかし、士師記の最終形態や、まさしく一三―一六章の最終形態において、サムソンのペリシテ人への抑えがたい欲望は大きな問題である。それは彼のナジル人の地位への不忠実を示すと共に、イスラエルの神や神の目的への彼の不忠実を示しており、その結果、神の目的が成し遂げられることはない。しかしまさにペリシテ人に対するサムソンの両価的な振る舞いは、おそらく他の時代や場所における神の民に文化戦争への参与を課すのに役立つという点で、核心に触れるものである。

例えば、生命は所有の多さからなると信じるよう民を仕向けることで、本質的に自己主張(人間自身とその欲望に主たる重要性を見ること)を教え、偶像崇拝を制度化する文化に、北アメリカの教会はどのように参与できるだろうか(ルカ一二・一五を参照)。この難題はもちろん、二十世紀を通じて神学者たちを悩ませてきた。そして今なお悩ませている。有力かつ説得力のある答えとしては、教会は、世界に属する教会ではなく、世界における教会であり得るし、そうでなければならないというものである(ヨハネ一七・一一―一九、特に一一、一四、一八節を参照)。H・リチャード・ニーバーが指摘するように、文化を変容させることが教会の使命である(Niebuhr, 190-229)。あるいは、ダグラス・ジョン・ホールの言葉を借りれば、教会は「神が『世界を変える』のを助ける」ために召されている(Hall, *Christian Mission*, 98)。

この答えは、間違いなく聖書的であるし、信仰的なものである。そして士師記を通じた中心的な問題と明確に関連する。すなわちイスラエルは、ある新しい地の住民とその神々の只中にあって、神のみをたたえ、信頼し、従うのかという問いである。われわれの生命や全世界の生命に対して、われわれの究極の忠誠と献身として神の主権の主張を宣言し、具現化することは、決してわれわれ自身の変容だけではない。それはまた、われわれを通じて(IIコリント五・一七―二一、特に一九―二〇節を参照)、世界の変容をもたらす。キリストにおける神のはたらきとわれわれの内のキリストのはたらきを通じて、「新しい創造がある」（Ⅱコリント五・一七）。イエスの弟子たちは、「世界中を騒がせてきた連中」（使徒一七・六）として知られていた。要するに、彼らはギリシア・ローマ文化を変容させようとしていた。彼らは世界を変えようとしていたのである。これはあらゆる世代の教会の使命であり得るし、そうでなければならない。

しかし士師記一三―一六章における文化戦争は、あらゆる世代の神の民にとって、強力で魅力的な選択肢を提供している国の中で生きるとき、神や神の目的に忠実であることがいかに難しい「試み」（三・一、四を参照）であるかを思い起こさせる。サムソンはその難しさを体現している。確かに、彼は時に激しくペリシテ人に立ち向かう。しかし彼は明らかにペリシテ人の生き方や女たちに魅了されてもいる。すなわち、サムソンの振る舞いは、支配的な文化を変容させるよりもその生き方を反映する方がいかに簡単であるか、世界を変えるよりもむしろその世界のようになる方がいかに簡単であるかを、あらゆる世代の神の民やその指導者たちに時宜を得て思い起こさせるのである。

神の民は常に、文化を変容させるよりもそれを反映する誘惑に駆られてきた。しかしその誘惑はおそらく、神の民の歴史におけるあらゆる時代や場所よりも、今日の北アメリカの方が大きいであろう。例えばアメリカ合衆国は、頻繁に「キリスト教国」とされ、アメリカ合衆国の良き市民と良きキリスト者は同じものであるかのように見なされている。この観念の普及は、自己満足の偶像崇拝を教え、貪欲を美徳として促進する文化に対し、教会が立ち向かうことをきわめて難しくしている。要するに、アメリカ合衆国における教会は、文化を変容させることや世界を変えることに関して、大いなる試みを受けているのである。

それゆえに、近年では教会、特にアメリカ合衆国における教会に対して、単に自分たち自身の目的あるいは自分たちの文化ないし国家の目的のためにではなく、神の目的のために分けられた民として、その異質の地位——そのナジル人の地位を新たに認識するよう呼びかける神学的な声が上がっている（Stanley Hauerwas and William Willimon, *Resident Aliens: Life in the Christian Colony*〔ハワーワス／ウィリモン『旅する神の民——「キリスト教国アメリカ」への挑戦状』〕や Douglas John Hall, *The End of Christendom and the Future of Christianity* を参照）。ハワーワスとウィリモンが、文化を変容させるというH・リチャード・ニーバーによる教会への呼びかけはあまりに楽観的であり、教会がその議題を福音よりもむしろ文化から取るための招きとしてニーバーの呼びかけを聞いてきたと指摘して彼を批判しているのは驚くに値しない（Hauerwas and Willimon, 39-43〔ハワーワス／ウィリモン『旅する神の民』五一—五六頁〕を参照）。彼らの批判は、どこか不公平なものがある。しかしこれは少なくとも、士師記一三—一六章と並んで、文化を単に反映するよりも変容させることがいかに難しいかを思い起こさせる。確かに、ハワーワスとウィリモンは、文化を変容させることや世界を変えることに反対していない。むしろ彼らの主張は、教会が何にも先んじて神や神の目的に忠実であるときにのみ、そのようなことが起こるというのである。世界を変えることは、忠実な教会になること——神のみをたたえ、信頼し、従うことによって（序論の四を参照）——から始まる。これこそまさに、サムソンもイスラエルの民も学ばなかったが、士師記が呼びかけている教訓である。

サムソン物語の暴力は、われわれが置かれているのがまさしく文化戦争であることを認識する助けにもなるかもしれない。ハワーワスとウィリモンもこのことに気付いており、エフェソの信徒への手紙六・一〇—一七などのテクストに改めて注目するよう促している。そこでは神の民に「邪悪な日によく抵抗し、すべてを成し遂げて、しっかりと立つことができるように、神の武具を身に着ける」（一三節）よう命じている。ハワーワスとウィリモンが認めているように、力点は、いかなる方法であれ、暴力を賞賛ないし推奨しないということである。力点はむしろ、神の目的の声明――福音――は常に暴力的な反対を呼び覚ますということを神の民に思い起こさせることにある。イエスが神の支配の近接を宣言し、これに入るよう人々を招いたときに起こったことを見て欲しい（マルコ一・一四―一五を参照）。新しい現実――変容した文化、変化した世界――についての彼の宣言と体現は、彼を十字架に付けた。福音は今なお反対を呼び覚ます。作家のフラナリー・オコナーがかつて述べるに、人々はキリスト教信仰を、安全の衣と考えている。しかしそうではなく、彼女曰く、それは十字架である。いかなる時代や場所であれ、人々が神に忠実であれば、彼らは戦いの只中にいるのである。

このことに関して、士師記三・一―六がペリシテ人や地のその他の民を「イスラエルの試みのため」（三・四）の存在として描く際に、イスラエルの民が「戦い」について学ぶことも視野に収めている（一―二節）のは偶然ではない。肝要なのは、イスラエルの民が攻撃者にならねばならないということではなく、むしろ彼らはペリシテ人やその慣習に対して「抵抗し」、「しっかりと立つ」（エフェソ六・一三）必要があるということである。当然のことながら、サムソンが大半の場合に失敗したのはまさしくこれである。サムソンは、そのナジル人の地位にもかかわらず、ペリシテ人の慣習に抵抗するのではなく、それらを受容した。それによって、自らの生命を危険にさらし、神が望んだ救助を成し遂げることができなかった。すなわち、サムソンの否定的な例は、われわれの文化戦争の深刻さを時宜を得て想起させ、神のために立つことが、偶像崇拝、自己主張、貪欲、不義への抵抗を意味するという真理を表すのに寄与している。アメリカ合衆国（やその他の国々）の市民にとって真の障害は、良き市民となることが、悪しきキリスト者になることを意味するのに気付くことかもしれない。

確かに、ナジル人の教会の類となること、死をもたらす文化に対して抵抗することには危険も伴うかもしれない。ハワーワスとウィリモンは、『定住の異邦人が住む場所（*Where Resident Aliens Live*）』と題する『定住の異邦人――キリスト教植民地での生活（*Resident Aliens: Life in the Christian Colony*）』（『旅する神の民』）の続編の中で、キリスト者の弟子たることの隠喩として、パリスアイランドにおけるアメリカ海兵隊の基礎訓練の経験を示している（73-83）。この訓練では（そして「弟子」の語は「学生」を意味することを参照）、新しい海兵隊員は、新しい生き方の厳しさを習う。彼らは、訓練の中で提供される規律を通じて、まさに「新しい創造」になる。その限りであれば、おそらく良いだろう。しかし潜在的な危険はないだろうか。これら新しい海兵隊員は今や、自分たちのかつての柔和で寛容な文化を嫌悪する。確かに、このことのすべてが悪いわけではないかもしれない。しかし危険なのは、彼らが世界を憎み、今や自分たちがそれよりも「優れた者」であると思うことである。ハワーワスとウィリモンに公平を期すために、彼らが世界に対するあらゆる嫌悪を明確に放棄していることは述べておくべきであろう（98）。しかし不幸にも、士師記はしばしば、神はイスラエルの民以外の世界――ペリシテ人、モアブ人、アンモン人、ミディアン人、カナン人――を憎んでおり、神の民もそうするべきことを意味するとして解釈されてきた。しかし重要なのは、神がこれらの他の民や国を憎んでいるということではない。むしろ神は、よりすぐれた道――信仰、従順、正義、平和の道――をイスラエルに示してきたのであり、彼らはそれを体現し、神のため、彼ら自身のため、全世界のための模範となるよう呼びかけられているのである（序論の三を参照）。

要するに、教会が常に身を置いている文化戦争は、闘争である。そこには両面からの危険がある。一方では、サムソンやイスラエルの民が普通にそうしたように、優勢な文化に黙従する誘惑である。他方では、士師記の解釈者たちがしばしば自分たちの聞き手にそうするよう促してきたように（そして士師記との関連の有無にかかわらず、キリスト者がしばしばそうしてきたように）、自分を優れた者と見なし、自分と異なる人々を憎みさえする誘惑である。

確かに、士師記一三―一六章におけるサムソンの物語が示すのは、現代の神の民が置かれている彼らの文化戦争への容易な答え、ないし明確な解決ではない。そうであるとしても、士師記一三―一六章は、教会に対して、信仰と文化はどのように関連するのかという恒常的な問題に注意を払うように呼びかけるという値高い務めを果たしている。再びスーザン・ニディッチの言葉を借りれば、「サムソンの物語は、希望や弁明の力強い声明であり、非イスラエル世界との関連に固有の問題についての本能的な注釈である」（"Samson," 624）。とりわけサムソン自身の振る舞いは、優勢な文化の魅力に抵抗することの難しさを示している。その文化が明らかに保持された確信を危うくするものであることが知られ、死へと脅かすとしてもである。教会が現代文化に対峙する際、確実に呼びかけられているのは、常に警戒することであり、またほぼ間違いなく、そのように警戒することで、教会は少なくとも福音にますます敵対する文化によって得られるあらゆるその他の利益を信仰の事柄として拒否するようになる（Placher, 161-83, 特に 178 を参照）。教会は概して文化適応されると、それが北アメリカの文化であれ、その他の文化であれ、サムソンと同じく、多くは神の目的の代行者になることはできなくなる。

サムソンのペリシテ人文化適応についてのある最後の側面は注目に値する。なぜならそれは明白に現代とつながっているからである――すなわち、ペリシテ人の女への魅了である。民が神に忠実になれないとき、それは常に他の神々が崇拝されたことを意味する（二・三を参照）。サムソンの場合、彼の神々の内の一つは、性的な満足への過度の欲望であるように見受けられる。それが最も論理的な構造原理としてサムソン物語を占めているようである（上記を参照）。現代の政治家を想起させるかもしれないのは、サムソンの特徴が持つこの側面である。サムソンしかしサムソンにとってセックスが偶像崇拝になっているという事実には、より大きな重要性がある。サムソンの物語は、人間の性欲の著しい力を思い起こさせるだけでなく、性的な満足が信仰によって克服されないときに生み出される混沌を描き出してもいる。歌手のジョニ・ミッチェルには、「セックスは命取り（Sex Kills）」というタイトルの歌があるが、これはサムソンの経歴についての副題としてうってつけであろう。ミッチェルの主張は、セックスは悪だということではなく、むしろ人間の性欲が広告主によってすべて売買の対象として扱われるようになり、性欲が今やすべて貪欲、不義、暴力と結び付いているということである。そうなった場合、セックスは命取りである。サムソンと同じように、セックスが神となった現代文化にとって、士師記一三―一六章は、そのような偶像崇拝や不忠実の破壊的な死に至る結末についての警告である。性欲が神の良き賜物として見られなくなり、究極的な関心となるとき、サムソンと同じように、われわれにとってセックスは命取りである。

サムソンやイスラエルが携わった文化戦争において、彼らは（おそらく、サムソンとイスラエルの民によってその目的が一時的に妨げられた神と共に）大敗を喫した。この理由から、サムソン物語が国の「平穏」についての言及なしで終わっているのは驚くに値しない。平穏はなかったのである。そして事実、平穏は士師記八・二八からずっとなかった。ギデオンに始まった漸進的な劣化は、サムソンでほぼ最高潮に達する。サムソンは最後で最悪の士師ではあるものの（少なくとも士師記内で。サムエル記上七・一五―八・三を参照）、民の状況は、実際には、この後で見る一七―二一章において、更に劣化する。

第三部　完全なる劣化と恐怖
士師記一七・一―二一・二五

士師記を締め括るこれらの章では、イスラエルの民の生命は完全に崩壊する。もはや士師はいないため、一七―二一章はしばしば、後代の編集者の手によるエピローグであると見なされる。しかしこれらの章は、一・一―二・五で予見され、ギデオン以降に起きていた漸進的な劣化という観点から見ると、この文書のほぼ完璧な結末になっている。ここに至って劣化は完成し、恐怖があらゆる面で支配する。外部の敵はいない。民自身が敵だからである。確かに、九章と一二・一―七には、イスラエルの民によるイスラエルの民への暴力があった。しかし一七―二一章では、レビ人の側女が残酷に殺害された後、ベニヤミン族がほぼ全滅する。物事はそれ以上に悪くなり得ない（序論の二cを参照）。

サムソンが自分のナジル人の地位や神の目的全般にほとんど関心がなかったことは、イスラエルの民にとって、「自分の目に正しいこと」（一七・六、なお一四・三の「彼女が好きです」［文字通りには「私の目に正しい」］と、一四・七の「サムソンは彼女が好きであった」［文字通りには「サムソンの目に正しかった」］を参照）を行うよう教えるための印象的な模範があったことを意味する。この注記は、本文書の最終節である二一・二五にもう一度現れ、一七―二一章に枠構造をもたらしている。一七・六と二一・二五ではいずれも、「そのころイスラエルには王がいなかった」という一文が先行する。この一文は、一八・一と一九・一にも現れ、締め括りの数章にリフレインをもたらしている。

この締め括りの混沌とイスラエルにおける王権の不在の結び付きはしばしば、士師記あるいは少なくとも一七―二一章が王制への準備であることを意味すると解釈される。より具体的に言えば、一九―二一章ではサウルの故郷であるギブアへの顧慮が乏しいことから、これらの章は未来のダビデ王朝へのイデオロギー的な支持を表明しているように見える。これらの提案は理にかなっている。しかし士師記の最終形態においては、ユダを含めた全イスラエルが悪く見える。士師記の締め括りの数章が、ダビデ王家あるいは王制全般への準備として意図されているとすれば、王制もまた混沌の内に終焉を迎えたことも想起されねばならない。王たちも結局のところ、「自分の目に正しいことを行った」。このより大きな正典上の視点から見れば、一七―二一章は、王制へのイデオロギー的な支持を表明してはいない。それらはむしろ、イスラエルの絶えることなき不忠実と不従順というより大きなパターンに合致する。不忠実と不従順の恐ろしい暴力的な結末を描くことで、一七―二一章は、あらゆる預言文学と同じく、悔い改めの呼びかけと、不忠実な民に対する神の忠実という希望の表現として機能する。

民が悔い改める必要があるのはもちろん、彼らの限りない自己主張と偶像崇拝であり、それらは士師記の冒頭から問題であった。そこでの主題は、民が神のみをたたえ、信頼し、従うか否かである（序論の三と四、ならびに一・一―二・五と二・六―三・六についての注解を参照）。冒頭から、自己主張と偶像崇拝は手と手を取り合っており、従って一七章が偶像の製作の物語で幕を開けるのは驚くに値しない。自己主張と偶像崇拝が本文書を通じた一対の罪であることは、士師記の統一性を表す別のしるしである。すなわち、既に述べたように、一七―二一章は、絶えることなき偶像崇拝や神の主権をほめたたえることの長きにわたる失敗の論理的な結末を提示しているのである。

そしてまた、士師記の初めで泣いていた民が、終わりで再び泣いているのも驚くに値しない。本文書の初めの泣きの原因は、契約に対する民の不忠実であり、それ自体が偶像崇拝に表れている（二・一―五を参照）。士師記がずっと示してきたように、民の不忠実は暴力的に混沌とした結末を生み出してきた。レビ人の側女に対する個人的な暴力（一九章）とそれに続く暴力的な内戦（二〇章）との繋がりは、士師記の悲劇的な、しかし論理的な最高潮である。内戦に伴う暴力は、本文書における最後の泣きの原因となる（二〇・二三、二六、二一・二を参照）。泣きに関するこれら二つの挿話は、士師記全体に枠組みをもたらしている。本文書の中間部における泣きと並んで（一一・三七―三八ならびに一一・二九―四〇についての注解を参照）、これらは士師記の統一性に関するまた別の示唆であり、士師記は、テート曰く、「泣きの書」（二・一―五についての注解を参照）である。

士師記の文学的な統一性に関する付加的な関連のある示唆が、一九―二一章における顕著な匿名性である（Don Michael Hudson を参照）。三・七―一六・三一では個々の士師が描かれているのに対し、一・一―三・六と一九―二一章では民が一体にされている。しかしこの一体性は皮肉である。なぜなら民は本質的に、ベニヤミンを破壊するために一つになるのである（二〇・一を参照）。この皮肉なねじれは、一九―二一章における名の欠如によって強調されており、ハドソン曰く、これは「すべての個人が危険であったとの暗示的な印象を与えている。なぜなら、すべての個人が自分自身の目に正しいことを行っていたからである」。その効果は何であろうか。「文学技巧としての匿名性は、暴力や分断の普遍性を反映している」(Hudson, 60)。またしても士師記の文学形式は、締め括りの数章を、先行する不忠実な自己主張と偶像崇拝の物語の論理的な最高潮として解釈するよう読み手に促す。

士師記における最後の二つの素材片が、単なる手当たり次第の、無関連の付加物ではないことは更に、用いられている類似したパターンや文学技法によって示される(Philip Satterthwaite を参照)。例えば、いずれの場合も、ある一人のイスラエルの民の物語から始まり(一七、一九章)、この人物が部族ないし諸部族の状況に巻き込まれてゆく(一八、二〇―二一章)。また、双方の素材片は明らかに、他の旧約聖書の素材を暗示している。士師記一八章におけるダン族の移動は、土地に向けたそれ以前のイスラエルの移動と定住の主たる挿話を想起させる(特に民数記一三章を参照)。士師記一九章は創世記一九章を、士師記二〇章はヨシュアによるアイの奪取の詳細(ヨシュア記八章)を想起させる。しかしサッタースウェイトが結論付けているように、「これら三つの暗示はすべて同じ効果を持つ。すなわち、それらは『イスラエルにおいて何かが悪化している』という主題を示している」(Satterthwaite, 85)。従って、一七―一八章と一九―二一章は互いに結び付いているだけではない。両者は、ギデオンによって始まり、エフタやサムソンによって次第に悪化の一途を辿った負のスパイラルの継続、また実際には最高潮を呈してもいる。要するに、一七―二一章は、士師記の論理的、不可欠な、効果的な結論である。

興味深いことに、サッタースウェイトも主張しているように、士師記一七―二一章は、ヨシュア記―列王記というより大きな統一体の不可欠な部分でもある。彼は、一七―二一章がサムエル記―列王記への導入として書かれた可能性さえ提案している（88）。この提案は必然的に推測の域に留まるものの、士師記一七―二一章が単純に王制全般、特にダビデ王家への準備ではないことを示唆するという利点を持っている。むしろ、イスラエルとユダの王たちは、士師記を通じて明らかなのと同じ不忠実な自己主張と偶像崇拝を示して、同じ結末――不義、暴力、混沌――へと導いている。士師記一七―二一章は、不忠実や偶像崇拝の激しく混沌とした結末を、士師記の結論や、サムエル記―列王記への適切な導入に相応しい形で描き出すことによって、これが預言文学の中心的な部分であることを示している（序論の三と四を参照）。これは、民の不忠実と偶像崇拝の告発として、また苛立たしいほどに不忠実で偶像崇拝的である民に対し、忠実であり、そうあり続けようとする神についての際立った証として寄与している。

一七・一―一八・三一　ミカ、レビ人、ダン族

一七―二一章、特に一七―一八章における神の活動に関する言及の著しい少なさに鑑みるに、「ミカ」という名が自動的に神に疑問を呈しているのは興味深い。この名は、「ヤハ（ウェ）のようなものは誰か」を意味する。しかし一七―一八章の内容に鑑みると、「ミカ」という名ははっきりと皮肉な響きを持つ。なぜなら、一七―一八章では、誰一人として神がどのようなものかを知る者はいないように見えるからである。あるいは少なくとも、

神の民のために神が何を望んでいるのか、誰一人として見当がついていないのである。例えば、ミカは泥棒で、自分自身の母からカネを盗んでいる。確かに、彼は罪を告白してカネを返す良識を持っている（あるいは、彼の母が発した呪いをミカが聞いて、ミカの心に恐怖が襲ったのだろうか）。しかしこの点において、過ちの喜劇は途に就いたばかりである。

千百シェケルの銀が関わっているのは、良いしるしではない。デリラは千百シェケルの銀のためにサムソンを騙している（一六・五を参照）。従って、デリラがミカの母であると言うべき明白な意図はないが（テクストは、デリラがペリシテ人であったとは決して明言しない）、数自体は悪い前兆である。案の定、ミカの母は、銀は「主に」ささげられると言うものの（一七・三）、それはミカによって「鋳造の偶像を造るために」使われる。しかしミカは鋳造の偶像で止まらない。彼は「エフォドとテラフィム」も造る。すなわち、ギデオンの悪化への転換を思い起こさせる（八・二七、また八・二二―三五についての注解を参照）。更に悪いことに、ミカは自分自身の小さな祭司制度を作り、彼の息子たちの一人を自分の私的な聖所に仕えるよう定める。

上の事柄すべては、わずか五節で起こっており、「民のすべてが自分の目に正しいことを行った」（一七・六）という語り手の所見が付けられている。ミカと彼の母がわずか五節で十戒の少なくとも半分を破っているのに鑑みるに、この所見は実際には控えめなものである。彼らは神以外に別の神を創造した。偶像を造った。神の名を誤用した。そしてミカは盗みをはたらき、それによって彼の母を敬わなかった（また彼はむやみに欲しがったのかもしれない）。要するに、士師記の冒頭からの事例と同じく、不従順と偶像崇拝は手と手を取り合っている。不当で暴力的な結果は、一八章で物語られる。

士師記や本注解書の読み手は、ミカの物語が王制（あるいはその時代を描いているとする）以前のもので、十戒が（そうであると思われるように）後代に形成されたものであるとすれば、この後代の基準でミカを捉えることは不公平であると言って異議を唱えるかもしれない。確かに、純粋に歴史的な視点から見れば、この異議には一理あろう。しかしこの異議は、正典の様相を正しく捉えることができていない。正典の順序では、イスラエルの民はエジプトから救助される。彼らは（十戒を筆頭とする）トーラーを授与される。トーラーに従い、神のみに忠実であることを約束する。不従順と偶像崇拝を最初に犯した後、赦され、新たに契約を与えられる（出エジプト記三二―三四章を参照）。そしてヨシュア、彼の後継者たち、士師たちは、神が望む契約への忠誠と従順を遂行するよう委ねられる。

この正典上の文脈において、ミカと彼の母は、より良く知っているべきであった。そして彼らは、より良く行うべきであった。事実、この正典上の文脈において、彼らの振る舞いは全く滑稽である。しかしもちろん、語り手が伝えたいのはまさにこのことである。ミカと彼の母の振る舞いは滑稽であることから、これはギデオンに始まり、エフタやサムソンに続いた漸進的な劣化に完璧な最高潮を提示している。あるいは、語り手が最後の数章を枠付けているように、民が「自分の目に正しいこと」（一七・六。なお上記の一七―二一章への導入を参照）を行うときには何が起こるのかの完璧な例を提示している。もちろん、ミカと彼の母は、実際には漸進的な劣化の最高潮ではない。物事は、一九―二一章において更に悪化する。しかしミカと彼の母の物語はその始まりとしては上々である。

既に述べたように、語り手の意図は、「イスラエルには王がいない」（一七・六）という観察がしばしばそう解釈されてきたように、ダビデ家ないしその他であれ、単に王制への準備を提示することではない。またしても、より大きな正典上の文脈が重要である。ダビデを含めて（特にサムエル記下一一―一二章を参照、そこでは、ダビデも一つの挿話の中で十戒の少なくとも半分を破る)、イスラエルとユダの王たちもまた神の目よりもむしろ「自分の目に正しい」ことを行って、総じて不忠実で不従順であることが分かる。この正典上の文脈において、士師記一七・一―六は(士師記全体や正典の預言者全体と同様)、不忠実や偶像崇拝の告発として、また新たな契約忠誠――すなわち、悔い改めへの招きとして機能する。

正典の預言者も一様に、自己主張と偶像崇拝の破壊的な効果について警告して示す。一七章のその後と一八章で展開される物語の場合もそうである。新しい登場人物のベツレヘム出身のレビ人が一七・七で現れる。すぐさま、新しい問題が生じる。すなわち、このレビ人はなぜ住む場所を探さなければならなかったのだろうか。歴史的に言って、物語はレビ人の務めが制度化される以前に遡るのかもしれない(すなわち、ある村落が自分たちのレビ人全員を支えられなくなったら、ある者は雇用を求めてその村落を離れなければならなかった)。あるいは、物語は後代のものである可能性もあり、エルサレム神殿での崇拝の集中によって、レビ人たちが仕事を行えなくなった時代を反映しているのかもしれない。いずれにせよ、現在の正典上の文脈において、明らかに自分の務めをより高い値を付けた競り手に売ろうとしている(あるいは、勧誘を受けることにただ満足している)遍歴のレビ人が登場しているのは非常に奇妙である。

言うまでもなく、このレビ人が行うように、宗教的な役職者が自分たちの務めを売り渡す体制は、濫用の温床である。事実、ミカ書を含む他の預言書は、まさにこのことを警告する(ホセア書四・四―一〇、ミカ書三・五―八を参照、これらは、士師記一七章と並んで、列王記下二三章で述べられているヨシヤ時代の祭司制や崇拝の中央集中への支持を表明しているのかもしれない)。レビ人は、ミカの私的な祭司となり(一七・一二)、それによってミカ自身は、自分の未来が安泰であると考える(一七・一三)。一八章が示すように、この状況が続かないのは驚くに値しない。レビ人が着任したのは、「神の家」（一八・三一。なおアモス書七・一二―一三を参照）ではなく、「ミカの家」（一七・一二）であった。このことはまたしても、本素材が、テラフィムがいつも私的な家で保持されていた古い時代を起源とすることを反映しているのかもしれない。しかし正典の最終形態（ならびにその申命記史家的な預言者の影響）の観点から見ると、そのような振る舞いはきわめて異例である。事実、それは偶像崇拝であり、神を第一の座から追いやることに当たる。一八章の暴力的で破壊的な出来事は、この徹底した預言的な使信を強調している。

一八章は、一七・六の短縮形で始まる。「民のすべてが自分の目に正しいことを行った」と明言されていなくとも、この結論を表すのには、王がいなかったという定式で十分であり、章の内容がこれを支持する。物語におけるダン族の振る舞いは、その行動原理が、神の意志ではなく、むしろ「勝てば官軍」という格言であることを明確に示している。

一八章におけるダン族の移動は、そもそもダン族は割り当てられた土地に入らなかったという伝統を反映している（ヨシュア記一九・四〇―四八を参照）。事実、士師記一八・一は、ダン族にはそもそも割り当てが与えられていたが、その後に失ったことを示唆するヨシュア記一九・四〇―四八と矛盾するように見える。いずれにせよ、士師記一八章のダン族は、嗣業の地を探していた。既に述べたように、彼らの道のりは、イスラエルが全体として土地での定住に向けて動いた道のりを想起させる。より古い素材を最も明白に思い起こさせるのが、ダン族による土地への斥候の派遣である（民数記一三章を参照）。斥候はミカの家に出くわし、そこで雇われの祭司であることを幸せそうに認めるレビ人を見つける（一八・二―五。なお一九―二〇節についての注解を参照）。ダン族は、その後の行動を考えると驚かされないが、このことを問題としない。彼らの成功を約束する祭司の祝福を求めて、それを得る(一八・六)。

この祝福は、ダン族のその後の振る舞いを正当化しているように見えるが、出所を考慮に入れる必要がある。祝福は「神の家」(一八・三一)からではなく、むしろミカの家、ミカの雇われの祭司からである。事実、六節は、一九―二〇節を予見しており、そこではレビ人が偶像崇拝的な祭司であり、彼の唯一の権威はいくら支払おうとするかに係っていることが顕著になる。士師記一八章におけるダン族の振る舞いを権威付ける唯一のことが、彼らが自分たち自身の目に正しいことを行っても咎めを受けないほど十分に強いという事実である(二五―二六節を参照)。またしても行動原理は、「勝てば官軍」である。

斥候の使用は民数記一三章を想起させるものの、士師記一八章における斥候の報告は著しく異なる。民数記一三章の斥候は脅威的な巨人たちに遭遇したのに対し、士師記一八章の斥候は、ライシュの住民たちは扱い易い相手であると伝える。民数記一三章における報告の効果は、優勢な相手に対して民には神の助けを求める必要があるのを確認することである。士師記一八章ではそのような必要はない。そしてこの相違は、物語全体を通じたダン族の方向性に一致する。斥候は神の助けを主張するものの(一〇節)、インチキな祭司の祝福を除いて、この主張に対する根拠は全くない。しかし文脈が明らかにしているように、ダン族は自分たち自身の目に正しいこと以外は何もしていない。彼らは、神、神の意志、神の助けをあまり気に留められなかった。

そこで、ダン族は、「静かで穏やか」であったと二度にわたって言われているライシュの民(一八・七、二七。なお一〇節の「穏やか」、七節の「安らか」も参照。これは同じヘブライ語語根〔*bṭḥ*〕に由来する)を殺害することになる。「穏やか」や「安らか」と訳し分けられているヘブライ語語根が四回も繰り返されているのは興味深い。なぜなら、そのより文字通りの訳語は、ダン族にまさに欠けているものを表しているからである。この語根は、より文字通りには「信頼」を意味する。確かに、民の信頼の対象は特定されていない。しかしこの旧約聖書における重要な語根の突出した用いられ方は、ダン族が信頼する、ないし信頼に足る民ではないことを読み手に喚起する。少なくとも彼らは、神の民が有しているべき神への信頼を有していない。あるとすれば、彼らが信頼するのは自分たち自身だけである。要するに、彼らは自分自身の目に正しいことを行うのが何を意味するのかを表す完璧な範例である。

ダン族によるライシュの民の虐殺の恐怖は、「静か」の繰り返し（一八・七、二七）によって更に強調される。この単語は、士師記三・一一、三〇、五・三一、八・二七で「平穏」と訳されているのと同じヘブライ語語根〔*šqṭ*〕である。士師記におけるそれ以前の用例では、「平穏」は、神が民に望むきわめて肯定的なことを表す。従って、士師記におけるすべての人と同じく、ライシュの民は、神が意図することを具現化していた。こうしたことの皮肉は、「ダン」の名が「正義」を意味するヘブライ語の単語〔*dîn*〕に似ていることである。ダン族は、神があらゆる民や国に望んでいる正義から最も離れた所にいた（序論の四を参照）。

一八章の更に二つの観点が、ダン族の振る舞いの徹底的な不適切さを明らかに示している。第一に、ダン族によるミカの扱い方である。ライシュの民の虐殺に先立って、ダン族は実際に、ミカと彼の家を略奪し、偶像、エフォド、テラフィム、祭司を盗むことで、彼らの真の性格を明らかにしている（一八・一四―二〇）。確かに、物語におけるそれ以前の振る舞いに鑑みるに、ミカやレビ人に同情を寄せるのは難しい。しかしこれこそが重要な点の一つである。民のすべてが自分の目に正しいことを行ったため、物語における誰もが悪者に見えるのである。しかしダン族は最悪に見える。彼らの行為の不正がミカによって指摘されると（一八・二四）、全ダン族はこれに事実上、「黙れ、さもなくば殺す」と応じることができるのである。二六節が状況を要約する。すなわち、

「勝てば官軍」である。そしてもちろん、これは必然的に、また常に、神の主権主張の尊重ではなく、民が自分の目に正しいことを行うときの事実である。

ダン族の振る舞いの徹底的な不適切さを示す一八章の第二の側面は、第一の点と関連する——すなわち、彼らの明白な偶像崇拝である。ダン族はミカの偶像を盗んだ。理論上、彼らはそれを溶かして銀にすることができた。しかしそうはせず、彼らはミカの偶像崇拝を維持する（一八・三〇—三一）。すなわち、一人の男の偶像崇拝が、一つの部族全体（ヨシュア記二四・一八、二一、二四によれば、神のみを崇拝する／仕え、従うと約束した部族）の偶像崇拝となったのである。更に、三〇節によれば、モーセの孫や曾孫がダン族の祭司として仕えている。公然と偶像崇拝祭儀を行うモーセの子孫よりも滑稽なことがあるだろうか。

一八・三〇—三一のモーセについての言及は、ダン族の移動が、かつて民が全体としてカナンの地へと移動したことと、ある意味で並行していることの更なる示唆である。サッタースウェイトは、士師記一八章と、出エジプト記、民数記、ヨシュア記との間の並行の特徴と効果を次のようにまとめている。

> 二つの報告には共通するいくつかの要素がある。斥候の派遣、兵士の閲兵、ダン族が途中で宿営した場所の命名、最後に非イスラエルの町の奪取と改名である。しかしこの移動と征服に関するすべてのことは間違っている。ダン族は不徳な略奪者で、彼らの祭儀は腐敗し、彼らは無実の民を破壊する。(Satterthwaite, 84)

事実、士師記一八章において物事は悪く、ダン族の振る舞いは厭わしいものであるため、士師記一八章が、ダンに対する意図的な論駁であるという結論に至らないのは難しい。それはおそらく、ダンとベテルがエルサレムと競合する北の祭儀施設となったからであろう（Yairah Amit, "Hidden Polemic in the Conquest of Dan" を参照。エイミットはまた、士師記一七章におけるベテルに対する「隠された論駁」を見出し、「エフライム」の名は「ベテル」を表そうとしたものだったと結論付ける）。しかし、士師記一七―一八章がダビデ王朝やそのエルサレムとの繋がりの主張を弁護することを意図していたとすれば、その現在の文脈によって、この機能は非常に制限されている。

むしろ、一七・六と一八・一、ならびに一九・一と二一・二五の定式は、士師記一七―一八章における行動を、民全体が間違っていたことの証拠として提示している。だからこそ、ギデオンに始まる漸進的な劣化は、士師記一七―二一章でその最高潮を迎えるのである。士師記一七―一八章における主要な登場人物たちは、後の北王国を代表する者たち（すなわち、エフライムとダン）であるものの、これは士師記一九―二一章では当てはまらない。そこでは、ユダを含むすべての部族が血みどろの混乱に引き込まれる。一七―一八章が疑問の余地を残しているとすれば、一九―二一章は、すべてのことや人が絶望的に間違っていたことを完全に明らかにする。

一九・一―二一・二五
痛めつけられた女と血みどろの戦争

物事は、それ以上に悪くならないように見えたとしても、悪化する。士師記一九章におけるレビ人とその側女の物語は、フィリス・トリブルの言う「恐怖のテクスト」（士師記一一・二九―四〇についての注解を参照）のもう一つである。この物語の詳細では残酷さが十分ではないかのように、レビ人の側女の強姦と殺害に続いて、血みどろの内戦が起こり、ベニヤミン族はほとんど全滅する。そしてこの悲劇に対処するための誤った方策は、更に六百人の女の強姦につながる。この点において、物事はもはや悪化しようがない。そして士師記は幕を閉じる。

レビ人の側女の強姦と、それに続くイスラエルの民の間でのあらゆる見せかけの礼儀と秩序の解消は、不可分に関連している（Keefe）。士師記一九章と二一章の強姦の場面は、士師記のこの締め括り部分を枠付けている。この文学的な配置は、それらの重要性を際立たせている。キーフはこれを次のように要約する。

> これらの強姦の場面は、男の権威に支配が委ねられている性別象徴体制の中に埋め込まれている。しかしこの体制は女を完全に拒絶ないし疎外されたままにするものではない。男の戦争は、犠牲となった女たちの目を通じて知られるこれらの強姦と恐怖の話を通じて、批判と裁きの対象となる。これらヘブライ文学における共同体、繋がり、契約のしるしとしての女の体は、犠牲や暴力の表象を通じて、人間社会における破綻の現実に対する証言の力強い修辞学的な像を提示している。（Keefe, 94）

キーフの結論は、士師記一九―二一章を枠付ける別の手段――すなわち、一九・一と二一・二五における王がいなかったという定式の繰り返し――に関する有益な視点を提示する。後者の二一・二五には、「民のすべてが自分の目に正しいことを行った」という観察も含まれており、士師記一七―二一章というより大きな単位を枠付ける手段の一部となっている（一七・六、一八・一を参照）。女たちの虐待についての物語は、男に支配された制度に対する批判に寄与するため、一九・一と二一・二五における王がいなかったという定式は、単にダビデ家ないしその他の王制への準備として解釈することはできない。特に、士師記一九―二一章や士師記全体がより大きな正典上の文脈で読まれると、読み手は、王制という男に支配された制度が、士師の務めと同じように惨めに失敗したのを知ることになる。

このより大きな正典上の視点から見れば、士師記は、正典の預言者の全文書と同様、偶像崇拝や不従順を促進し、人間社会の不正や破綻の一因となるあらゆる制度――王制を含む――に対する力強い証言である。士師記一九―二一章の恐ろしい破綻の物語は、民が神や神の目的に従うよりもむしろ、自己主張と偶像崇拝に服するときに何が起きるのかを生々しく描き出している。これらは、それ自体で、神の民が初めから自己主張と偶像崇拝を行ってきた士師記に相応しく説得力のある結論である（一・一―二・五についての注解を参照）。更に、ギデオン以降、士師たち自身が、イスラエルが避けるべき自己主張と偶像崇拝の道をますます体現してきた。この漸進的な劣化のスパイラルは、士師記一九―二一章においてその最底辺に達する。物事はそれ以上悪くなり得ない。これらの章は、自己主張と偶像崇拝の恐ろしい効果を文書化することによって、全体としての士師記と同じく、あらゆる時代の民に悔い改めを呼びかける。また彼らに、より優れた道を示している――正義と公正の追求の中に表現される契約忠誠の道である。それは、敵意、虐待、暴力、死よりもむしろ平和や生命をもたらす神や神の道への忠誠である。

確かに、士師記一九―二一章は王制を予見している。王制には明らかに、神の正義や公正を具現化することが委ねられており（サムエル記上八章、列王記上八章、詩編七二・一―七、一二―一四、エレミヤ書二二・一三―

一七を参照）、続くサムエル記上の物語の中では、王制の成立について語られている。しかし王制の失敗は、神の意志の本質に含まれるのが、特定の政治構造の悪行ではなく、むしろ正義と公正の確立であることを示している。神をたたえ、神の目的を具現化することの失敗がいかに悲劇的で暴力的であるかを示すことで、士師記一九―二一章は、自己中心主義を脇に置き、世界のための神の目的を受け入れ、人間社会の全体に貢献するよう、あらゆる時代や場所の人々に呼びかける――それは「正義」と「公正」という言葉によってまとめ得る状態である。士師ないし「正義をもたらす者」（序論の二aを参照）は失敗したかもしれない。王たちも失敗したかもしれない。しかし神は、世界のための神の目的を諦めなかったし、諦めていない。キリスト者の視点から見れば、イスラエルの王であるナザレのイエスが正義と公正を真に具現化し、神が世界を愛するように世界を愛することに身を捧げる人々を集める日がやって来るのである。

しかしもちろん、キリスト教会に誇れる所以はない。不幸にも、教会の歴史は、しばしば「恐怖のテクスト」と同じように読まれる出来事に満ちている――士師記一九章と同じような女性の疎外や虐待、士師記二〇―二一章と同じような、教会が宗教的な衣をしばしばまとわせようとした暴力的な自己主張である。しかしまた、すべての預言書と同じく、士師記は警告し、悔い改めを呼びかけるだけではない。希望も与えている。確かに、その希望は、イスラエルないし教会が最後には物事を正しくする可能性にあるのではない。イスラエルはそうしなかったし、教会もそうしてこなかった。希望はむしろ、神にある。神は、神の民が底なしの不信仰で不正であることが明らかにされた後でさえ、この民を消し去ろうとはしないのである。士師記をその正典上の座において読むとき、物事がこれ以上ないほどに悪化した後でさえ、物語は決して終わらないということが良き知らせである。神は、神の目的のため、苛立たしいほどに不信仰で根っからの不従順な民に手を差し伸べて用いるために、幾度となく試みようとする。そして神は今なお試みている。この神の試みを最もよく表している一語が、恵みである（序論の四を参照）。

一九・一―三〇　恐怖の支配　レビ人とその側女

一九章の始まり方は、一八章と全く同じである（一七・六、二一・二五ならびに上記注解も参照）。一八章で起こった惨事に鑑みるに、読み手は、一九章にも相違はないと予期する。一七章と同じく、一九章でも名の知れぬレビ人が登場する。そしてこの者も良き前兆とはならない。事実、一九章においてイスラエルはその最悪の姿をさらす。しかしながら、始まりにおけるこのような否定的な手がかりにもかかわらず、出来事は約束の響きを持った注記によって始まる――すなわち、離れ離れになっていた夫婦が、再び一つになる寸前であるように見える（一九・三）。

一九章には、いくつもの謎めいた特徴がある。その第一が、二節の異読である（「自分の身を売った」というＮＲＳＶの注釈を参照）。ＮＲＳＶは、ギリシア語訳に従っている（became angry with「怒って」〔新共同訳は「裏切り」〕）。この読みは、側女を異常なほど自己主張の強い人にしているように見えるかもしれないが、女が主導権を握るのは、士師記では全く目新しいことではない（一・一一―一五、四・一―五・三一、一一・三七―四〇を参照）。ヘブライ語のテクストが元来のものであるとすれば、側女を罰する以外に、レビ人が彼女を追った理由を理解することが難しい。しかし三節が示唆するに、彼は本当に彼女を連れ戻したいと思っており、愛の表現であるところの「その心に話しかける」ほどである。いずれにせよ、レビ人は、側女が身を避けた父の家に行く。そこで彼は、女の父から暖かく歓迎される。側女の反応については何も分からない。彼女に関しては、物語を通じて何も得られない。彼女は名も知れず、黙ったままである。

士師記一九章（四―九節）の第二の謎めいた特徴が、父の家における社会力学の性質である。ここではまさに何が起こっているのだろうか。父のもてなしは、滑稽なほどに誇張されているように見えるが、なぜだろうか。幾人かの学者たちが主張するように、五日間にわたる飲み食いは、男の緊密な結び付きを表し、その効果は、側女の疎外性を強調することなのだろうか。あるいは、父は自分の娘の身を案じて、彼女をできるだけ家に留めておきたいと思い、レビ人をできるだけ長く引き留めようとしているのだろうか。あるいは、誇張されたもてなしは、父と婿の間の一種の力比べであり、男の緊密な結び付きではなく、娘／側女をめぐる男の間の競争なのだろうか。これらの問いに決定的な答えはないようである。しかしいずれにせよ、二節では行為の主体であった側女自身が、対象の役割に追いやられているのは明らかである――男たちが名誉をかけて取引を行うときには珍しい状況ではない。（レビ人とその義父の間の力関係については、Victor H. Matthews, "Hospitality and Hostility in Genesis 19 and Judges 19," 6-7 を参照。）

物語におけるこの流れに鑑みるに、レビ人が最後に父のもてなしを振り切ろうとしたときに、彼の側女の存在が後からの思い付きのように述べられているのは驚くに値しない（一〇節）。ロバさえもが彼女より先に言及されているのである。学者たちが主張してきたように、もし一七―二一章が親ダビデ王朝の素材であるとすれば、エブス／エルサレムが「異邦人の町」であるとして迂回されているのは目を引く（一二節。しかしもちろん、これにはサウルの故郷であるギブアをより悪いものに見せる効果を持つ）。確かに、これは王国時代以前の歴史的な現実をよく反映しているのかもしれない（一・二一も参照、しかし一・八と比較されよ）。いずれにせよ、エルサレムの迂回は、この後に続く悲劇的な皮肉を準備する。安全な場所であると思われたギブアは、恐ろしい冷遇と暴力の場となる。

何かが恐ろしく間違っていることの最初のしるしとして、レビ人とその一行がギブアの町の広場に到着したが、「彼らを迎えて泊めてくれる者はいなかった」（一五節）。もてなしの習慣は、古代近東の特徴であり、イスラエルにおいては、よそ者にもてなしを施すことが神への契約忠誠の問題であった（出エジプト記二二・二一、二三・九、レビ記一九・三三―三四、申命記一六・一四、二六・一二を参照）。それは、イスラエルがよそ者であったときに受けた神のもてなしに従うものであった（申命記一〇・一八―一九）。中でも特別な配慮を受けるべきとされたのは、嗣業の地を与えられていなかったレビ人であった（申命記一六・一四、二六・一二を参照）。しかし士師記一九章では、ギブアにおけるよそ者は、レビ人でもある。そして彼は町の人々から完全に無視される。

出来事のこの状態は、イスラエルの民が「自分の目に正しいこと」（一七・六、二一・二五）を行っていたことを表すまた別の生々しい示唆である。ギブアの人々がイスラエル人であり、従ってより良く知っているべきであり、行うべきであったであることを強調するために、語り手は、ギブアがベニヤミン領であったことを二度にわたって報告している（一四、一六節）。物語に加えられている皮肉として、レビ人はイスラエルにおいて契約の規定を教えることが委ねられた人々であった（申命記三三・一〇を参照）。オルソンが指摘するように、「ギブアがイスラエルにおける典型的なもののしるしであったとすれば、レビ人はもてなしに関わる律法の教師として悲惨な失敗を犯したのだった」（Olson, 876）。

もちろん、一七―一八章では、レビ人がさまざまな形で悲惨な失敗を犯したことが示されている。レビ人は一七―一八章において、偶像崇拝の聖所を準備し、自分の務めを、最高値を付けた競売者に売り渡した。そして一九―二一章で展開されているように、ここでもレビ人は素晴らしい光の下にいるわけではない。彼は、離れていた側女との和解を求めるという順調な一歩を踏み出したものの（三節）、最善の場合でも、引き続き彼女を無視し、最悪の場合は、彼女を殺した者の共犯者である。ギブアでの犯罪ゆえにベニヤミンに対する復讐を求める彼の動機は、殺された側女への配慮というよりもむしろ、自分自身の地位に関係しているようである（下記を参照）。要するに、レビ人についての描写が、ギブアの人々についての描写よりも肯定的であるとは言い難い。ここでも要点は明らかである――すべての人が「自分の目に正しいこと」を行っていたのである（一七・六、二一・二五）。

ほぼすべての人がそうであった。事実、一九章には忠実で寛大な人物が（犠牲となった側女以外に）一人いる。それは、レビ人とその一行を自分の家に迎え、彼らの必要に応えた老人である（二〇―二一節）。しかしもちろん、この老人自身がギブアにおいてよそ者ないし寄留者であり（一六節）、彼の行動は、ギブアの人々のもてなしの悪さをよりはっきりと目立たせている。レビ人とその側女は、老人が彼らに望む「平和」を得るどころではない（Matthews, "Hospitality and Hostility," 7-11 を参照）。

レビ人とその一行に対する無視が、ギブアの人々によるもてなしの悪さの最初のしるしであるとすれば、それは彼らが次に行うことに比べれば見劣りする。ギブアの男たち（あるいは少なくとも、大衆からの妨げもなく闊歩する男の住民の良からぬ輩たち）は素早く、もてなしの悪さから全くの蛮行へと移る。レビ人を知りたいという彼らの欲望は、主として同性愛の問題ではなく、もてなし、あるいはもてなしの悪さの問題である。ギブアの男たちは、自分たちの文化では全き屈辱に等しいことを要求することで、レビ人に対する完全な優越性を示そうとする。彼らがそうしようとする理由は明らかではないが、言うまでもなく、彼らの振る舞いは、民が「自分の目に正しい」ことを追い求めるときに最終的に起こる暴力を生々しく描き出している。事実、一七―二一章を枠付けるこの表現は（一七・六、二一・二五を参照）、老人がギブアの男たちに自分の処女の娘とレビ人の側女を差し出して彼らに述べる言葉と響き合う。「思いどおりにするがよい」、あるいはより文字通りには「あなたたち自身の目に正しいことを彼らに行いなさい」（二四節）。そして彼らはそのように行う。

ギブアの男たちの振る舞いは、明らかに創世記一九章とソドムの男たちの振る舞いを想起させる。創世記一九章でも、問題は同性愛ではなく、もてなしの悪さである（エゼキエル書一六・四八―四九を参照）。また明らかに、創世記一九章と士師記一九章のいずれにおいても、虐待の矛先は女たちに向けられる。両テクストが、もてなしの慣習が男を依怙贔屓した家父長文化を反映していることに疑問の余地はない。士師記一九章でレビ人とその一行を迎えた老人は、ギブアの男たちによって自分自身の娘とレビ人の側女が強姦されるよりも、レビ人が強姦される方がもてなしのより大きな不履行になると考える。そこで彼は一般の習慣に則って、ギブアの男たちに二人の女を提供する。

ギブアの男たちの振る舞いが、当時の一般の習慣では不法行為として見なされなかったとは言えない。女たちへの虐待は、より小さい悪であったかもしれないが、一般の習慣に従って、それはなおも恐るべき行為と見なされていた。士師記一七―二一章の文脈全体は、ギブアの男たちの行為を最悪の場合の筋書きとして提示している――すなわち、人々が神の導きではなく、自己主張に基づいて行動するときの物事がいかに恐ろしいものであるかの一例である。人間が自分自身の目に正しいことを行うとき、その必然的な結果は、暴力的な混沌である。

この場面の恐ろしさには、ギブアの男たちによる側女の強姦だけでなく、彼女の夫によるその後の彼女に対する扱いも含まれる。レビ人は明らかに、何が起こっているかを見るために眠らずにいることさえしない。しかしおそらく、これはさほど驚くべきことではない。なぜならレビ人は、彼女をギブアの男たちに渡した者だったからである（二五節）。いずれにせよ、レビ人は明らかに助けようとしないし、女が受けた扱いについて全く配慮していないように見える。むしろレビ人は、朝に目を覚まして、出発の準備を整えると、敷居の上に伏している側女を見つける。物事はもう悪くなりようがない。レビ人は、彼の妻が死んでいるのか生きているのか分からない。読者にも分からない。側女の反応がないのは、彼女が死んでいることを暗示しているが、ヘブライ語テクストの不確かさによって、恐怖は増すばかりである。

生死にかかわらず、女は小麦袋のようにロバの上に積み込まれる。テクストは、レビ人の側の感情について少しもヒントを与えない。「レビ人は、完全に自己に没頭し、後悔もせず、感情を失っている」（Olson, 877）。要するに、自分自身の目に正しいことを行っているのは、ギブアの男たちだけではない。レビ人たち、少なくともこのレビ人もそうであった。彼はすべてについてより良く知っているべきであり、より良く行うべきであった（上記を参照、また一七―一八章についての注解も参照）。

女がロバの上に乗せられたことは、士師記一・一四を想起させる。そこでは、女であるアクサが同じようにロバの上に乗る。この二つの場面は、悲劇的な包み込みの構造を士師記にもたらしている。アクサが活発な主体で、父から「贈り物」ないし「祝福」を求めて、それを得る一方で、レビ人の側女は名も知れぬままで、一言も発しない。アクサが繁栄する一方で、レビ人の側女は悲劇的に犠牲となる。この包み込みの構造は、士師記におけるより大きなパターンの一部である。ギデオンに始まり、士師記一七―二一章でその底辺に至る漸進的な劣化は、女性に対する暴力の増加によって部分的に示されている（序論の二cと三dを参照）。社会の病弊が女性への虐待に表れるのは、かつても今も変わらない。

事実、キーフが指摘するように（上記を参照）、女性に対する暴力は、旧約聖書において、より大きな社会構造の劣化と混乱を伝えることに寄与している。創世記三四章とサムエル記下一三章、ならびに士師記一九―二一章では、ヘブライ語の動詞 *'nh*（NRSVでは、士師記一九・二四は ravish、士師記二〇・五は raped〔新共同訳ではどちらも「辱める」〕）は、ヘブライ語の単語 *nĕbālāh*（NRSVでは、士師記一九・二四は vile thing〔新共同訳では「非道なふるまい」〕、士師記二〇・六は vile outrage〔新共同訳では「極悪非道なこと」〕）と並んで現れる。三つのテクストいずれも、女の強姦――創世記三四章のディナ、士師記一九章のレビ人の側女、サムエル記下一三章のタマル――が、より大きな社会構造の解消を示している。キーフは次のように述べる。

強姦を *nĕbālāh* とする叫びは、犯罪の重みが、被害者であれ強姦者であれ、主として当事者個人の帰結に関わるものではなく、共同体生活の秩序の崩壊とその秩序に対する暴力として量られる理解を示している。（Keefe, 82）

士師記一七―二一章の全体的な要点は、イスラエルの民の共同体生活が完全に劣化していたことである。ギブアの男たちであれ、レビ人であれ、すべての人が自分の目に正しいことを行っている。それが辿り着く唯一の結末が、士師記一九章で物語られているような恐るべき暴力である。

現代の読み手は、聖書を暴力的な本として優越感にひたったり、あるいは排除したりする誘惑に陥らないために、「物語の現代性を認識する」ことが不可欠である（Trible, 87〔トリブル『旧約聖書の悲しみの女性たち』一六四頁〕)。問題は、単に古代イスラエルの民が自己主張的で暴力的であったということではなく、むしろわれわれもまた自己主張的で暴力的であるということである。女性たちに対する暴力や虐待は少なくとも、古代の現実と同じほど現代の現実である。トリブルによれば、士師記一九章は最終的に、われわれに悔い改めを呼びかけている。そうすることで、これは士師記全体や正典の預言者全体と同じように機能する。人間の自己主張と偶像崇拝――すなわち、すべての人が自分自身の目に正しいことを行うこと――の恐ろしい、恐怖に満ちた暴力的な結末をできるだけ明確に生き生きと描き出すことによって、士師記一九章、士師記、そして正典の預言者は、正義、公正、そして平和な神の目的へと自己と世界が悔い改め、一致するよう招いている。

コアラ・ジョーンズ＝ワルソーは、「フィリス・トリブルの解釈についての批評」と名付けた女性主義的な視点から、トリブルの視点は狭すぎると主張する。士師記一九章における社会力学を、男の犠牲になる女に縮減するのは問題である。なぜなら、この二分法それ自体が家父長的な考え方だからである。ジョーンズ＝ワルソーは次のように結論付ける。

トリブルは、この物語を女の犠牲に縮減しているように見える――これは、かの社会の問題の複雑さを十分に説明していない。問題は混沌の中にある社会だったのである。彼女は、問題をジェンダーの犠牲に縮減することで、語り手が用いたのと同等の沈黙の技法によって、他の登場人物たちを犠牲にしている。(Jones-Warsaw, 28-29)

ジョーンズ＝ワルソーによる提案の利点は、一九章と二〇―二一章の繋がりを慎重に維持していることである。

確かに、これらの章では、女たち——レビ人の側女、そして後にはヤベシュ・ギレアドとシロの娘たち（二一・八—二四）——が犠牲になるが、他にも数多くの犠牲者がいる。イスラエルが「混沌の中にある社会」であったために、ベニヤミン族全体は全滅しそうになる（二〇章）。ベニヤミン族の男たちが生き残るために妻として必要だった四百人の女たちを除くヤベシュ・ギレアドの住民もそうであった（二一・八—一二を参照）。この暴力的な大失敗の全体が大勢の犠牲者を生んだ。そして本質的には、これこそが真の要点である。民が神の目的よりも自分自身の利益を追求する社会では、すべての人が最終的には失うことになるのである。

一九章と二〇—二一章の物語的な繋がりは、一九・二九—三〇に明らかである。ジョーンズ＝ワルソーは、二九—三〇節におけるレビ人の一連の行動に最良の光を当てて、レビ人が「試練を個人の事柄から共同体の事柄へと変えた」（25）ことを示していると主張する。これはその通りであるように見える。しかしながら、レビ人による側女の死体の解体もまた、不必要なほど残酷に見える。この印象は、レビ人の行為をサムエル記上一一・六—一一においてサウルがイスラエル全部族を召集するべく牛を切り裂いたことに照らして見ると、更に強まる。サウルの行為の方は、グロテスクさが少ないだけでなく、ヤベシュ・ギレアドの救助へとつながる建設的な目的にも寄与している。士師記一九章は、サムエル記上一一・六—一一の意図的なパロディーで、「士師記一九—二一章で描き出されている出来事の邪悪さ」（Lasine, 43）を伝えることを目的としているように見える。要するに、レビ人の残酷な行為には、埋め合わせとなるような社会的価値がない。レビ人は、殺された自分の妻に対して、彼女が強姦され、殺されたとき以上に関心を抱いていない。事実、レビ人が「全イスラエル」（三〇節）を召集する動機は、彼が侮辱されたと感じていることなのかもしれない。彼の心の中での本当の不法行為は、ギブアの男たちによって側女が殺されたことではなく、もてなしを拒否され、名誉を汚されたことである。もしそうであるとすれば、レビ人の一貫した自己陶酔は、イスラエルが混沌の中にある社会であることの更なる証拠である。いずれにせよ、一九・二九―三〇で述べられる残酷な召集は、直接二〇―二一章の出来事へとつながる。

二〇・一―二一・二五　内戦　一人の犠牲者から大勢の犠牲者へ

レビ人による身の毛のよだつ召集に応じて、「イスラエルの民はすべて……一つの体のように、ミツパで主の前に集まった」（二〇・一）。語り手は、集合の包括性と統一性を慎重に強調している。「すべて」という単語は、二〇・一―一一で五回現れ（一、二、七、八、一一節。なお一九・三〇も参照）、「一つ」という単語と並んで（一、一一節）、二〇・一―一一に包み込みの構造をもたらしている。しかし皮肉は圧倒的である。「イスラエルの中から悪を取り除く」（二〇・一三）ために集合したと考える民は、実際には自分たちの兄弟姉妹を全滅させるべく態勢を整える。確かに、彼らは最終的には自分たちの過ちに気付く（二一・二―三、一三―一五を参照）。しかし事は既に時遅しである。ダメージは甚大であった（二〇・四八を参照）。そしてイスラエルの民は、生き残った六百人のベニヤミン人のために妻を探す際、誤りに誤りを重ねれば正しくなるとの想定の上で行動して、恐ろしい愚行の深淵へと更に滑り落ちる（二一・八―二四を参照）。

この卑劣な物語全体は、民が実際に「主の前に」集まったという主張に反する（二〇・一）。むしろ、一七―二一章の枠構造が示唆するに（一七・六、二一・二五。なお一八・一、一九・一も参照）、二〇―二一章のあらゆる行為は、すべての人が「自分自身の目に正しいこと」を行っていたとの標題の下で起こり続ける。従って、二〇章の後半で、テクストが、民は「神に問うた」（一八節）あるいは「主に問うた」（二三、二七節）と語るとき、読み手は疑義の念を拭えない。換言すれば、二〇章のより大きな文学的な座は、一八、二三、二七節の主張を覆している。民は主に問うたと思ったのかもしれないが、実際には自分たちが一―一七節で既に自分たち自身で作成していた戦闘計画に神の是認を求めていたように見えるのである。主が三回の内の一度だけしか是認しなかったと報告されている事実によって、読み手の疑義はより強まる。

一八節の最初の問いは、特に心を離れない。民が神に語る問いは、士師記一・一を想起させ、「ユダが上って行け」という一八節の神の応答は、士師記一・二とほぼ字句通り一致する。しかし今回の場合にはもちろん、ユダが上って行くのは、自分自身の兄弟姉妹に対してである。もはやカナン人が敵ではない。民にとっては、偶像崇拝と自己主張を行い続ける自分たち自身が最悪の敵である。読み手の心の中では、レビ人によるギブアで起こったことの述べ方によって、既に最初の疑義がわき起こる。確かに、ジョーンズ＝ワルソーが指摘するように（上記を参照）、レビ人はギブアで行われた犯罪が単なる個人的な問題ではなく、共同体の問題であると正しく認識している。しかしレビ人の動機は疑わしい。彼は、自分の妻の死よりも、自分が侮辱を受けたことの方に腹を立てているように見える。加えて、彼は自分自身が犯罪に与したことを都合よく省略している（一九・二五を参照）。彼自身が自分の側女を助けようとせず、彼女の安寧への配慮を欠いていることに鑑みるに、彼の怒りの感覚は著しく誇張されているように見える。

確かに、レビ人が言うように、「非道なこと」（二〇・六）は行われた（上の *nĕbālāh* についてを参照）。しかし彼も、集まったイスラエルの民も、この犯罪への反応はつり合いがとれていない。トーラーによれば、刑罰は犯罪につり合ったものでなければならない――「目には目を、歯には歯を」（出エジプト記二一・二四）が意味するのは、目には目を、歯には歯を以上のものであってはならないということである。すなわち、報復は認められているが、制限が加えられている。しかし士師記二〇章では、この制限の感覚が悲しくも欠けている。集まったイスラエルの民は、神による裏付けなく（上記を参照）ベニヤミンに襲いかかるだけでなく、部族全体をほぼ全滅させるまで攻撃を止めようとしない。またしても皮肉が効いている。イスラエルの民はギブア破壊を止めない（二〇・三七）。むしろ、ベニヤミン族すべてを亡き者にしようとする――その軍隊だけでなく、「町、人、家畜、あるものすべて」（二〇・四八）もである。要するに、士師記一章において一つになったイスラエルの民が失敗してできなかったこと――すなわち、神の命令に従い、「聖戦」の神学を守ってカナン人を滅ぼすこと（一・一七の例外や申命記二〇章の「聖戦」の規定を参照）――、それに彼らは士師記二〇章において成功する。しかし彼ら自身の民に対してである。すべてが誤りである。

もちろん、ベニヤミン族は、自分たちの原因について善処しなかった。彼らは、集まったイスラエルの民に、罪を犯したギブアの男たちの引き渡しを拒み、このあまりに愚かで利己的な決断を守るために戦おうとした（二〇・一二―一七を参照）。しかしこのことはまたしても、すべての事と人が誤っていたという語り手の要点を強調している。なぜなら民――イスラエルの民、ベニヤミン族、レビ人――は「自分自身の目に正しいこと」を行っていたからである。このような状況が続くと、唯一のあり得る結末は、暴力とより大きな暴力である。

報復を認めるトーラーの規定に鑑みるに、集められたイスラエルの民が、ベニヤミン族に対して、少なくとも犯罪に直接関与していないベニヤミン人に対しては情け深かったかもしれないというのは期待のしすぎである。他方で、トーラーの物語は、神が罪深い民を幾度となく赦したことを語るものである（序論の四を参照）。更に、士師記の構造は、罪深い民を絶えず赦し、彼らの物語が続くことを認める神を要としている。事実、士師記において繰り返されるパターンの重要な断片が、神による民の救助である。神は、「彼らを迫害し、抑圧する者を前にしてうめく彼らを憐れに思う」からである（二一・一八）。「憐れに思う」と訳されているヘブライ語語根は*nhm*であり、これは二一章において、ベニヤミンの誓いに対するイスラエルの民の反応を描くために二回用いられている（六、一五節のNRSVではhad compassion〔新共同訳では「悔やむ」〕を参照）。

それゆえ、二・一八で予見されているように、イスラエルの民が、最初からベニヤミン族に同情を寄せ、神がトーラーの物語（出エジプト記三二・一二、一四の*nhm*を参照。NRSVではchange your mindならびにchanged his mind〔新共同訳では「思い直す」〕）や士師記を通じて、イスラエルを繰り返し恵み深く扱ってきたように、彼らを恵み深く扱うというのはおそらく期待のしすぎではない。事実、あまりに遅いが、イスラエルの民は二一・六において、彼らが神から繰り返し受けた恵み深い同情を具現化しようとしているように見える。ベニヤミンへの彼らの遅れた同情は、正しい方向にあり、「平和」（二一・一三）は彼らの正しい目標である。しかしイスラエルの民はこれを再びふいにする。

二一・三で民が神に語る滑稽な問いはおそらく、イスラエルの民が実際には進歩を遂げてはいないことの十分な証拠である。彼らは、一つの部族が欠けている理由をよく知っていたはずである。なぜなら、ベニヤミンが一掃された責任は、彼ら自身にあったからである。いずれにせよ、民はこの欠けについて言及し、生き残った六百のベニヤミン人への新たに見出された同情を適用するために（二〇・四七を参照）、またしても暴力的な愚行に陥る。ベニヤミンに対する彼らのいわゆる同情は、生き残ったベニヤミンの男たちのために確保された四百人の処女を除くヤベシュ・ギレアドの住民の一掃という更なる暴力を生む（二一・八－一二。またしてもサムエル記上一一章を参照――すなわち、民は今や、サウルが後に、アンモン人がそうするのを防ごうとしたことを行っている）。彼らが厳粛な宣誓を行って（二一・一、五を参照）、自分たちの同情の試みを正当化しているのは、士師記における不毛な宣誓の歴史に鑑みるに（一一・二九―四〇を参照）、さほど擁護とならない。更に士師記一七―二一章の枠構造（一七・六、二一・二五を参照）は、自分たちの行いはすべて神ないし神の意志に関わるという民の側の主張を疑わしいものにする。どう見ても、彼らが行ったあらゆる宣誓は、神の名を誤って用いているものに他ならない（出エジプト記二〇・七を参照）。いずれにせよ、いわゆる平和がベニヤミンに広がるには、恐ろしいほどの犠牲を要する。

イスラエルの民は、自分たちの最初の試みが十分に悪くなかったかのように、もう一度やり直す。更に二百人の生き残ったベニヤミン人に妻が必要だったからである。一五節において憐れみと同情の注記が繰り返され、読み手は、妻が必要であること（一六―一七節）と厳粛な宣誓（一八節）を再び聞かされる。この二度目の戦略は、暴力性が多少は減るが、決して満足がいくものではない。イスラエルの民は本質的に、シロの娘たちの強奪を是認しているのである（一九―二四節）。トリブルが指摘するように、イスラエルの民による二つの同情の試みの効果を要約すると、「一人の強姦が六百人の強姦になった」（Trible, 83〔トリブル『旧約聖書の悲しみの女性たち』一五七頁〕）のである。物事はもはや悪くなりようがない。控えめではあるものの、オルソンによる要約も有用である。

イスラエル諸部族が、自分たちの誓願を破ることから身を守るために、ヤベシュ・ギレアドを徹底的に全滅させ、シロの女たちの誘拐を是認したとき、彼らは、自分たちの道徳的、契約的な振る舞いを失ったことの証拠を与えているのである。法を守り、その硬直した適用を緩和する忠実さや愛の原則がないままに、特定の規則ないし法に律法主義的、技術的に従うことへの固執は、災いの処方である。（Olson, 887）

民が「自分たちの道徳的、契約的な振る舞いを失った」というのは、語り手が一七―二一章を枠付けている観察と共に士師記を締め括る際にまさに意図していたことである。すなわち、「そのころイスラエルには王がなく、民のすべてが自分の目に正しいことを行っていた」（二一・二五。なお一七・六を参照）。

実際のところはもちろん、士師記における民が「自分たちの道徳的、契約的な振る舞い」を行うことはなかった。彼らは初めから、神の唯一の主権をたたえず、契約忠誠を維持しなかった。むしろ彼らが行ったのは、自己主張と偶像崇拝であった（一・一―二・五についての注解を参照）。士師記の構想は、民を忠実と従順に戻そうとする神の恵み深い繰り返しの試みについて明らかにすることにある。しかし、初期のオトニエル、エフド、デボラ／バラク／ヤエルの成功の後は、ギデオンと共に著しく悪化へと転じる。そして物事は、士師記一七―二一章の底打ちに向かって、漸次的に劣化する。

従って、士師記は最終的には泣きの書である（二・一―五、一一・三七―三八、二〇・二三、二六、二一・二を参照）。一七―二一章における過ちの悲劇は、物事がもはやそれ以上は悪化し得ないことを示している。言いようのない恐怖に頽れたかのように、語り手は一七・六の観察を繰り返す。士師記はこうして、その不面目な終わりを迎えるのである。

省察　混沌と危機、かつてと今

これまで何度も述べてきたように、士師記の現代の読み手が、これを原始的で相対的に未開の時代の野蛮な物語の集成として排除するのは簡単である。しかしそうすることは、士師記とわれわれ自身の両方にとって損害である。士師記がわれわれに注意を喚起しているのは、人間共同体にとって永遠の重要性を持つ問題である——すなわち、必然的に自己中心的で自己主張的であるように見える人類の間に、どのように正義と平和を達成できるかということである。既に一七―二一章や士師記全体に基づいて述べたように、偶像崇拝と自己主張が、最終的、必然的に暴力を引き起こすとすれば、士師記ほど時宜を得たものはない。

二十一世紀の不吉な始まり——特に二〇〇一年九月一一日とその後——が思い起こすよう迫っているものの、世界が最近目の当たりにした、今世紀が人類の歴史上で最も暴力的な世紀であるということは忘れてしまわれがちである。まさしく現代の北米人は、世界の特定の地域でテロリズムを生み出す絶望的で悲惨な状況に対して、ほとんど責任を負おうとしていないようである。従って、二十一世紀の初めにおいて、アメリカ合衆国市民にとっては、世界の暴力に加担していないふりをすることは、なお容易である。これらすべての関連の中で、作家ウォーカー・パーシーが二十世紀を「自己の世紀」と呼んだのは偶然ではない。パーシーによれば、「自律的な自己」(autonomous self) は、想像し得る最も危険な実体である (12, 156)。

自分自身の目に正しいこと以外に限界を知らなければ、自律的な自己は、ほぼすべてのイデオロギーに陥り得るし、陥ることになる。われわれアメリカ合衆国市民は、自律的 (autonomous) になることを体系的に教える社会に住んでいる——すなわち、文字通りに解すれば、自分自身を法にするのである (*autos*「自己」と *nomos*「法」)。これぞまさしく、士師記一七―二一章における問題である——「民のすべてが自分の目に正しいことを行った」。改めて、士師記、特におそらく一七―二一章ほど時宜を得たものはない。

心理学者、社会学者、人類学者、哲学者、神学者、政治家は、現代北米社会における混沌と深刻な危機、特に社会的な連携の喪失と多発する暴力の原因について頻繁に熟慮している。しかし危機の原因はさほど謎めいたものではない。士師記はその初めから終わりまで、しかし特に一七―二一章において、偶像崇拝――例えば、神の地位に自己を高める形で――が必然的に混沌と暴力に行き着くことを説得力ある形で示している。

確かに士師記、特に一七―二一章における暴力は衝撃的であるが、毎夜のニュース以上に衝撃的というわけではない。事実、士師記は、かつても今も、完全に自己に没頭する人々に届くために、衝撃的である必要がある。グロテスクで身の毛のよだつ物語を書いてしばしば批判された作家のフラナリー・オコナーは、実際には恵みの確かさについての深い解釈者であり、代弁者である。彼女の物語は衝撃的である。それは彼女がかつて言っているように、現代人があまりに自己に没頭するため、彼らは恵みの使信を聞くようになるために衝撃を受けなければならないからである。

同じようなことが、士師記、特に一七―二一章について言える。一七―二一章は、偶像崇拝と自己主張の衝撃的な結末を生き生きと描き出すことによって、士師記の内外に込められた使信に耳傾ける道を拓く。士師記とそれを一部とするより大きな正典の物語は、執拗に偶像崇拝的で、苛立たしく不忠実な民を愛することを止めない――事実、できなかった――神を描いている。従って、士師記において、民は、物事が最終的に完全に崩壊してしまうまで、幾度となく赦され、救助される。しかし士師記は物語の終わりではない。神は、人間存在と人間構造の中に、そしてそれらを通して神が望む正義、公正、平和を確立しようと再び試みる。そして神は今なお試みている。従って士師記は、特にそのより大きな正典上の文脈内で読むと、究極的には契約忠誠への呼びかけであり、神の信じられないほどの忍耐力――必然として恵みとして顕現する永遠の愛――を「説明する」驚くべき現実を証しているのである。

参考文献

1　教育や説教のための注解書や資料

Amit, Yairah. *Judges: Introduction and Commentary*. Mikra le-Yisra'el, A Bible Commentary for Israel. Tel Aviv: Am Oved/Jerusalem: Magnes/The Hebrew University Press, 1999.

Boling, Robert G. *Judges*. Anchor Bible 6A. New York: Doubleday, 1975.

Brenner, Athalya, ed. *A Feminist Companion to Judges*. Feminist Companion to the Bible 4. Sheffield: Sheffield Academic Press, 1993.

Farmer, Kathleen A. Joshua, Judges, Ruth. Journey through the Bible, vol. 3. Nashville: Cokesbury, 1994.

Fewell, Danna Nolan. "Judges." In *The Women's Bible Commentary*, edited by Carol A. Newsom and Sharon H. Ringe, 67-77. Louisville, Ky.: Westminster John Knox, 1992.〔ダナ・ノウラン・フューエル「士師記」、C・A・ニューサム／S・H・リンジ編、荒井章三／山内一郎日本語版監修『女性たちの聖書注解』加藤明子／小野功生／鈴木元子訳、新教出版社、一九九八年、一二四―一四二頁〕

Fretheim, Terence E. *Deuteronomic History*. Interpreting Biblical Texts. Nashville: Abingdon, 1983.

Gray, John. *Joshua, Judges, Ruth*. New Century Bible Commentary. Grand Rapids: Eerdmans, 1986.

Hamlin, E. John. *Judges: At Risk in the Promised Land.* International Theological Commentary. Grand Rapids: Eerdmans,

1990.

Jeter, Joseph R., Jr. *Preaching Judges*. St. Louis: Chalice, 2002.

Mayes, J. D. H. *Judges*. Sheffield: JSOT Press, 1985.

Moore, George. *Judges*. International Critical Commentary. New York: Harper, 1969.

Nelson, Richard D. *The Historical Books*. Interpreting Biblical Texts. Nashville: Abingdon, 1998.

Olson, Dennis T. "Introduction, Commentary, and Reflections on the Book of Judges." In *The New Interpreter's Bible*, vol. 2, 723-888. Nashville: Abingdon, 1998.

Schneiders, Tammy J. *Judges*. Berit Olam: Studies in Hebrew Narrative and Poetry. Collegeville, Minn.: Liturgical Press, 2000.

Soggin, J. Alberto. *Judges, A Commentary*. Old Testament Library. Translated by J. S. Bowden. Philadelphia: Westminster, 1981.

Tate, Marvin E. *From Promise to Exile: The Former Prophets*. Macon, Ga.: Smyth & Helwys, 1998.

Trible, Phyllis. *Texts of Terror: Literary-Feminist Readings of Biblical Narratives*. Overtures to Biblical Theology. Philadelphia: Fortress, 1984.〔フィリス・トリブル『旧約聖書の悲しみの女性たち』河野信子訳、日本キリスト教団出版局、一九九六年〕

Wilcock, Michael. *The Message of Judges: Grace Abounding*. The Bible Speaks Today. Downers Grove, Ill.: InterVarsity, 1992.

Yee, Gale A., ed., *Judges and Method: New Approaches in Biblical Studies*. Minneapolis: Fortress, 1995.

2 引用文献

Ackerman, Susan. *Warrior, Dancer, Seductress, Queen: Women in Judges and Biblical Israel*. New York: Doubleday, 1998.

Alter, Robert. "Samson without Folklore." In *Text and Tradition*, edited by Susan Niditch, 47-73. Atlanta: Scholars Press, 1990.

Amit, Yairah. "Judges 4: Its Contents and Form," *Journal for the Study of the Old Testament* 39:89-111 (1987).

————. "Hidden Polemic in the Conquest of Dan: Judges XVII-XVIII," *Vetus Testamentum* 40:4-20 (1990).

Auld, A. Graeme. "Gideon: Hacking at the Heart of the Old Testament," *Vetus Testamentum* 39:257-67 (1989).

Bal, Mieke. *Death and Dissymmetry: The Politics of Coherence in the Book of Judges*. Chicago Studies in the History of Judaism. Chicago: University of Chicago Press, 1988.

Berquist, Jon L. *Reclaiming Her Story: The Witness of Women in the Old Testament*. St. Louis: Chalice, 1992.

Bledstein, Adrian Janis. "Is Judges a Woman's Satire of Men Who Play God?" In *A Feminist Companion to Judges*, edited by Athalya Brenner, 34-54. Sheffield: JSOT Press, 1993.

Boling, Robert G. *Judges*. Anchor Bible 6A. New York: Doubleday, 1975.

Bowman, Richard G. "Narrative Criticism: Human Purpose in Conflict with Divine Presence." In *Judges and Method: New Approaches in Biblical Studies*, edited by Gale A. Yee, 17-44. Minneapolis: Fortress, 1995.

Brenner, Athalya, ed. *A Feminist Companion to Judges*. The Feminist Companion to the Bible 4. Sheffield: JSOT Press, 1993.

Cousar, Charles B. *A Theology of the Cross: The Death of Jesus in the Pauline Letters*. Overtures to Biblical Theology. Minneapolis: Fortress, 1990.

Crenshaw, James. *Samson: A Secret Betrayed, a Vow Ignored*. Atlanta: John Knox, 1978.

Crump, Galbraith M., ed. *Twentieth Century Interpretations of Samson Agonistes: A Collection of Critical Essays*. Englewood Cliffs, N.J.: Prentice-Hall, 1968.

Elizondo, Virgilio. *Galilean Journey: The Mexican-American Promise*. Maryknoll, N.Y.: Orbis, 1983.

Exum, J. Cheryl. “Murder They Wrote: Ideology and Manipulation of Female Presence in Biblical Narrative,” *Union Seminary Quarterly Review* 43:19-39 (1989).

———. *Tragedy and Biblical Narrative: Arrows of the Almighty*. Cambridge: Cambridge University Press, 1992.

Fewell, Danna Nolan. “Judges.” In *The Women's Bible Commentary*, edited by Carol A. Newsom and Sharon H. Ringe, 67-77. Louisville, Ky.: Westminster John Knox, 1992.〔ダナ・ノウラン・フューエル「士師記」、C・A・ニューサム／S・H・リンジ編、荒井章三／山内一郎日本語版監修『女性たちの聖書注解』加藤明子／小野功生／鈴木元子訳、新教出版社、一九九八年、一二四—一四二頁〕

———. “Deconstructive Criticism: Achsah and the [E]razed City of Writing.” In *Judges and Method: New Approaches in Biblical Studies*, edited by Gale A. Yee, 119-45. Minneapolis: Fortress, 1995.

Fretheim, Terence. *The Suffering of God: An Old Testament Perspective*. Overtures to Biblical Theology. Philadelphia: Fortress, 1984.

———. *Exodus*. Interpretation: A Bible Commentary for Teaching and Preaching. Atlanta: John Knox, 1991.〔T・E・

フレットハイム『現代聖書注解　出エジプト記』小友聡訳、日本キリスト教団出版局、一九九五年〕

Fuchs, Esther. "Marginalization, Ambiguity, Silencing: The Story of Jephthah's Daughter," *Journal of Feminist Studies in Religion* 5:35-45 (1989).

Grieb, A. Katherine. "Feminist or Faithful: How Scripture Teaches a Hermeneutic of Suspicion." Paper delivered at the 1997 Annual Meeting of the Society of Biblical Literature, November 22, 1997, San Francisco, California. Later published in slightly different form in *Suwanee Theological Review* 41:261-76 (Pentecost 1998).

Hall, Douglas John. *Christian Mission: The Stewardship of Life in the Kingdom of Death*. New York: Friendship Press 1985.

———. *God and Human Suffering: An Exercise in the Theology of the Cross*. Minneapolis: Augsburg, 1986.

Hamlin, E. John. *Judges: At Risk in the Promised Land*. International Theological Commentary. Grand Rapids: Eerdmans, 1990.

Hauerwas, Stanley, and Wiliam Willimon. *Resident Aliens: Life in the Christian Colony*. Nashville: Abingdon, 1989.〔S・ハワーワス／W・H・ウィリモン『旅する神の民――「キリスト教国アメリカ」への挑戦状』東方敬信／伊藤悟訳、教文館、一九九九年〕

———. *Where Resident Aliens Live: Exercises for Christian Practice*. Nashville: Abingdon, 1996.

Howard, David M., Jr. *An Introduction to the Old Testament Historical Books*. Chicago: Moody, 1993.

Howell, James C. "The Primrose Path of Dalliance." A sermon delivered on "The Protestant Hour," May 19, 1996 (http://day1.org/899-the_primrose_path_of_dalliance).

Hudson, Don Michael. "Living in a Land of Epithets: Anonymity in Judges 19-21," *Journal for the Study of the Old*

Testament 62:49-66 (1994).

Jeter, Joseph R., Jr. *Preaching Judges*. St. Louis: Chalice, 2002.

Jones-Warsaw, Koala. “Toward a Womanist Hermeneutic: A Reading of Judges 19-21,” *Journal of the Interdenominational Theological Center* 22:18-35 (1994).

Keefe, Alice A. “Rapes of Women/Wars of Men.” In *Women, War, and Metaphor: Language and Society in the Study of the Hebrew Bible*, edited by Claudia V. Camp and Carole R. Fontaine. *Semeia* 61:79-97 (1993).

Klein, Lillian R. *The Triumph of Irony in the Book of Judges*. JSOTSup 68. Sheffield: Almond Press, 1988.

Koch, Klaus. *The Prophets: The Assyrian Period*. Translated by Margaret Kohl. Philadelphia: Fortress, 1982.〔K・コッホ『預言者I』荒井章三／木幡藤子訳、教文館、一九九〇年〕

Lasine, Stuart. “Guest and Host in Judges 19: Lot’s Hospitality in an Inverted World,” *Journal for the Study of the Old Testament* 29:37-59 (1984).

Matthews, Victor H. “Freedom and Entrapment in the Samson Narrative: A Literary Analysis,” *Perspectives in Religious Studies* 16:245-57 (1989).

———. “Hospitality and Hostility in Judges 4,” *Biblical Theology Bulletin* 21:13-21 (1991).

———. “Hospitality and Hostility in Genesis 19 and Judges 19,” *Biblical Theology Bulletin* 22:3-11 (1992).

———. “Female Voices Upholding the Honor of the Household,” *Biblical Theology Bulletin* 24:8-15 (1994).

———. *Old Testament Themes*. St. Louis: Chalice, 2000.

Nelson, Richard. *First and Second Kings*. Interpretation: A Bible Commentary for Teaching and Preaching. Atlanta: John

Knox, 1987.〔R・D・ネルソン『現代聖書注解　列王記上・下』田淵結訳、日本キリスト教団出版局、一九九八年〕

Niditch, Susan. “Eroticism and Death in the Tale of Jael.” In *Gender and Difference in Ancient Israel*, edited by Peggy L. Day, 43-57. Minneapolis: Fortress, 1989.

———. “Samson as Culture Hero, Trickster, and Bandit: The Empowerment of the Weak,” *Catholic Biblical Quarterly* 52: 608-24 (1990).

Niebuhr, H. Richard. *Christ and Culture*. New York: Harper and Row, 1951.〔H・リチャード・ニーバー『キリストと文化』赤城泰訳、日本キリスト教団出版局、一九六七年、オンデマンド版二〇〇六年〕

Olson, Dennis T. “Introduction, Commentary, and Reflections on the Book of Judges.” In *The New Interpreter's Bible*, vol. 2, 723-888. Nashville: Abingdon, 1998.

Percy, Walker. *Lost in the Cosmos: The Last Self-Help Book*. New York: Washington Square Press, 1983.

Placher, William C. *Narratives of a Vulnerable God: Chirst, Theology and Scripture*. Louisville, Ky.: Westminster John Knox, 1994.

Reinhartz, Adele. “Samson's Mother: An Unnamed Protagonist,” *Journal for the Study of the Old Testament* 55:25-37 (1992).

Römer, Thomas C. “Why Would the Deuteronomists Tell about the Sacrifice of Jephthah's Daughter?” *Journal for the Study of the Old Testament* 77:27-38 (1998).

Sanders, James. *Torah and Canon*. Philadelphia: Fortress, 1972.

Satterthwaite, Philip. "'No King in Israel': Narrative Criticism and Judges 17-21," *Tyndale Bulletin* 44:76-88 (1993).

Schneiders, Tammi J. *Judges*. Berit Olam: Studies in Hebrew Narrative and Poetry. Collegeville, Minn.: Liturgical Press, 2000.

Soggin, J. Alberto. *Judges: A Commentary*. Old Testament Library. Translated by J. S. Bowden. Philadelphia: Westminster, 1981.

Tanner, J. Paul. "The Gideon Narrative as the Focal Point of Judges," *Bibliotheca Sacra* 149:146-61 (1992).

Tate, Marvin E. *From Promise to Exile: The Former Prophets*. Macon, Ga.: Smyth & Helwys, 1998.

Trible, Phyllis. *Texts of Terror: Literary-Feminist Readings of Biblical Narratives*. Overtures to Biblical Theology. Philadelphia: Fortress, 1984.〔フィリス・トリブル『旧約聖書の悲しみの女性たち』河野信子訳、日本キリスト教団出版局、一九九六年〕

Tutu, Desmond. *No Future without Forgiveness*. New York: Doubleday/Image, 1999.

Walsh, J. P. M. *The Mighty from Their Thrones: Power in the Biblical Tradition*. Overtures to Biblical Theology. Philadelphia: Fortress, 1987.

Warrior, Robert Allen. "Canaanites, Cowboys, and Indians: Deliverance, Conquest, and Liberation Theology Today," *Christianity and Crisis*, September 11, 1989, 261-65.

Webb, Barry G. *The Book of Judges: An Integrated Reading*. JSOTSup 46. Sheffield: JSOT Press, 1987.

Wessels, J. P. M. "'Postmodern' Rhetoric and the Former Prophetic Literature." In *Rhetoric, Scripture, and Theology: Essays from the 1994 Pretoria Conference*, edited by S. E. Porter and T. H. Olbricht, 182-94. JSNTSup 131. Sheffield:

Sheffield Academic Press, 1996.

Wharton, James A. "The Secret of Yahweh: Story and Affirmation in Judges 13-16," *Interpretation* 27:48-66 (1973).

Wilcock, Michael. *The Message of Judges: Grace Abounding*. The Bible Speaks Today. Downers Grove, Ill.: InterVarsity, 1992.

Yee, Gale A., ed. *Judges and Method: New Approaches in Biblical Studies*. Minneapolis: Fortress, 1995.

Younger, K. Lawson. "Judges 1 in Its Near Eastern Literary Context." In *Faith, Tradition, and History*, edited by A. R. Millard, J. K. Hoffmeier, and D. W. Baker, 207-27. Winona Lake, Ind.: Eisenbrauns, 1994.

訳者あとがき

本書は、J. Clinton McCann, *Judges*, Interpretation, A Bible Commentary for Teaching and Preaching (Louisville: Westminster/John Knox Press, 2002) の全訳である。

著者のJ・クリントン・マッカーン氏は、一九五一年生まれ。ノースカロライナ州のデビッドソン・カレッジを卒業後、バージニア州のユニオン神学校（現在のユニオン長老教会神学校）で学び、一九八五年にはノースカロライナ州のデューク大学にて、「詩編七三編――修辞的・正典的批評を強調した解釈」（Psalm 73: An Interpretation Emphasizing Rhetorical and Canonical Criticism）により博士号を取得、一九八七年よりミズリー州のイーデン神学校にて教鞭を執っている。

これまでに出版されている彼の著書としては、『「詩編」神学入門――トーラーとしての詩編』（*A Theological Introduction to the Book of Psalms: The Psalms as Torah* [Nashville: Abingdon Press, 1993]）、『聖書の偉大な詩編』（*Great Psalms of the Bible* [Lousville: Westminster/John Knox Press, 2009]）がある。また、編著として、『「詩編」の形式と形成』（*The Shape and Shaping of the Psalter* [Sheffield: Bloomsbury Publishing, 1993]）や、ジェームス・C・ハウウェル（James C. Howell）氏との共著として、『詩編を説教する』（*Preaching the Psalms* [Nashville: Abingdon

Press, 2001〕）などがある。これらの一連の業績に鑑みるに、彼の研究の中心領域は、詩編であることが窺える。そうした中で、士師記を扱った本書は、彼の著作としてはひときわ異彩を放っているのと同時に、彼の関心と能力が持つ幅と奥行きの広さを証していよう。

『現代聖書注解——インタープリテーション』シリーズ全体の構想に則って、本書でも力点が置かれているのは、現代聖書学の成果を駆使して士師記の使信を捉え直すと共に、それを現代社会の文脈における教会とキリスト者にも通ずる問いかけとして提供することにある。特にマッカーン氏が言葉を尽くして最初に説明しようとしているのは、そもそも今日のわれわれが他ならぬ士師記を読み、学ぶことの持つ意義である。士師記は一見するに、物語自体が暴力的な性質を帯びている。しかもそれが時として神によって是認されているのである。それ故に士師記は教会において、往々にして悪しき旧約聖書の筆頭として嫌悪されるか、良くとも無視して素通りされている現状がある。しかしまさしく士師記こそが、われわれ人類の文明が長い道のりを歩んできたにもかかわらず、いかに進歩していないのかを思い起こさせ、自分自身や世界において日々生起する社会的な混乱や混沌の背後に潜む暴力性やその本質に向き合うよう迫るものである。士師記は、われわれが神との間の契約に忠実で、神のみに不変の忠誠を示さなければ、世界は何一つ正しくならないという挑戦的な主張であるという。

士師記全体についての著者の基本的な理解は、冒頭に配された序論において展開されている。「士師」の語は、最も広い意味で「正義をもたらす者」を表すものであること、また士師記全体の構成によって示されるのが、物事が次第に悪化する「漸進的な劣化」(progressive deterioration）であることが強調される。著者は、士師記を三つの部分（一・一—三・六、三・七—一六・三一、一七・一—二一・二五）からなる文学構造として理解しつつ、全体の中でギデオンの物語（六・一—八・三五）が、イスラエルの状況が悪化へと向かう転換点であり、その後は負のスパイラルへと陥り、完全な混沌（一七―二一章）という最底辺において幕を閉じるという。こうした劣化は、個々の士師についての物語を枠付ける循環的なパターン、女性の役割、主の霊がもたらす効果などの変化にその兆候が見出されるとしている。

士師記が捕囚期／捕囚後の（特に申命記史家による）編集の産物であることを認めつつも、本注解書が全体として重視するのは、士師記の「最終形態」であり、それが置かれた正典上の文脈である。すなわち、士師記をそれ単独で理解するのではなく、正典の預言者（ヨシュア記―マラキ書）の文脈において、また律法（創世記―申命記）からの連続線上で捉えることを旨とする。そのような観点から士師記を見たときに明らかになるのは、契約忠誠（covenant loyalty）、すなわち偶像崇拝と自己主張を排し、神のみを崇拝し、奉仕することへの呼びかけであるとされる。士師記で展開されているのは、まさしくこれが正しく行われない場合に生起する出来事の実例である。しかしそれは希望に根ざした記述であるという。永続的に不忠実で不従順な人間に対して、恵みに満ち、忠実であり続ける神の証としての希望である。

士師記の描き出す出来事の大きな柱の一つが、イスラエルの民によるカナンの地の占有をめぐる先住民との闘争であることは明らかである。そこで問題となるのは、士師記を現代キリスト教の倫理や道徳の観点からどのように扱うべきかという点である。マッカーン氏によれば、「土地」が表しているのは、人生ならびに生命への参与であり、「カナン人（ないしその他の周辺諸民族）」の表象は、不平等や死をもたらす体制の「象徴」として把握されるべきものである。

士師記と出エジプト記との間に見出される顕著な並行性についても随所で指摘される。士師記の円環的なパターンと共に描き出される挿話はいずれも、一種の新しい出エジプトの出来事、死をもたらす抑圧的な状況からの、神による恵み深い救助であるという。士師記はしばしば、神は己の民イスラエル以外の諸民族を憎んでおり、彼らを排除するべきものとして描いていると解釈されてきた。しかし神が追求しているのは、正義と公正、そして平和であり、そのためにはイスラエルを依怙贔屓してはおらず、むしろイスラエル自身がこれらに反する時には、神は「義憤」たる「暴力」をもってイスラエルにも反対する。士師記はまさに、そのイスラエルの失敗の歴史であるという。

士師記を、律法や預言者というより広い正典の文脈から理解しようとする正典論的な解釈からは、確かに多くを学ばされる。ただその一方で、正典上の文脈や位置付けを重視するあまりに、個々の挿話についての注解部分で得られている最終的な結論が、どの箇所に関しても同じようなものになっているきらいがあるのは否めない。また本書では時折、士師時代が自給自足の「平等」社会として参照されるが、いわゆる土地取得の時代から王国時代へと至るまでのイスラエル／パレスチナの社会的な状況、周辺諸民族との関わりの歴史については、本書で提供されているよりも多くの分析を必要とするだろう。

それにもかかわらず、本書が改めてわれわれの目を開かせるのは、歴史を学ぶことの本質が、過去に起こった出来事の有無の単なる判定にとどまらず、それらに今日にも通ずる普遍性を見出し、人類ならびに地球にとってのより良き未来を構築するための手がかりを見出そうとすることにあるという事実である。今日のわれわれは、士師たちが生きた時代から長い時を経ているにもかかわらず、偶像崇拝と自己主張（時に○○主義と名を変えつつ）に陥って、自ら滅びへの道を選び取るという性向には、何の進歩もないように見受けられる。暴力に満ちた現代社会においてこそ、暴力に満ちた文書である士師記を読み、学ぶことに意義があるとするマッカーン氏の主張は真を穿っていよう。われわれには、聖書の中に暴力的な記述を見出し、これを見下して優越感に浸ったり、野蛮なものとして排除したりすることはできるだろうか。むしろそうしようとする態度こそが、かつてなく暴力的で野蛮な時代に生きる、野蛮で暴力に満ちた己の姿を反映していよう。士師記は過去のイスラエルの失敗を描き、預言者たちは失敗の絶望と新たな旅立ちの中で未来への希望を描いた。歴史の只中にあるわれわれが今まさに描き出さんとしているのは、果たしてどのような道筋であろうか。

一九八六年以来、約三〇年の歳月をかけて刊行されてきた旧約・新約合わせて全四四巻の『現代聖書注解』シリーズは、本巻をもって完結する。そのような記念すべき一冊の翻訳を担うという身に余る幸運に恵まれ、感謝に堪えない。この一大事業に、よもや自分が関わらせていただくことになろうとは、まったく思っていなかった。日本語版監修者のお一人であり、訳者として私の名を挙げて下さった大住雄一先生、編集の労を執って下さった出版局の秦一紀氏に心より感謝する。

二〇一七年一二月

札幌にて

山吉　智久

山吉智久《やまよしともひさ》

1978 年、静岡県に生まれる。1996 年、静岡聖光学院卒業。2000 年、立教大学卒業。2012 年、ドイツ・テュービンゲン大学修了（Dr. theol.）。公益財団法人登戸学寮寮長、立教女学院短期大学・無教会研修所・農村伝道神学校・明治学院大学・聖心女子大学・日本聖書神学校非常勤講師を経て、現在、北星学園大学准教授。

著　書　Von der Auslösung zur Erlösung. Studien zur Wurzel *PDY* im Alten Orient und im Alten Testament (WMANT 134), Neukirchen-Vluyn 2013 など。

訳　書　G. フォン・ラート『古代イスラエルにおける聖戦』（教文館、2006 年）、E. ウュルトワイン『ATD 旧約聖書註解 8　列王記〈上〉』（ATD・NTD 聖書註解刊行会、2013 年）、同『ATD 旧約聖書註解 9　列王記〈下〉』（同、2014 年）、A. ベルレユング／ C. フレーフェル編『旧約新約聖書神学事典』（教文館、2016 年）、D. スチュワート『旧約聖書の釈義――本文の読み方から釈義まで』（同、2017 年）など。

J. C. マッカーン
現代聖書注解　士師記

2018 年 1 月 13 日　初版発行
Ⓒ 山吉智久　2018

訳 者　山　吉　智　久
発 行　日本キリスト教団出版局

〒 169－0051　東京都新宿区西早稲田 2－3－18
電話・営業 03（3204）0422、編集 03（3204）0424
http://bp-uccj.jp

印刷・製本　三秀舎

ISBN 978－4－8184－0979－8　C1316　日キ販
Printed in Japan

INTERPRETATION
A Bible Commentary for Teaching and Preaching

現代聖書注解

旧約聖書

創世記
W. ブルッグマン　向井考史訳
ISBN978-4-8184-2112-7

出エジプト記
T. E. フレットハイム　小友　聡訳
ISBN978-4-8184-0245-4

レビ記
S. E. バレンタイン　山森みか訳
ISBN978-4-8184-0748-0

民数記
D. T. オルソン　山森みか訳
ISBN4-8184-0367-9

申命記
P. D. ミラー　石黒則年訳
ISBN978-4-8184-0356-7

ヨシュア記
J. F. D. クリーチ　長谷川忠幸訳
ISBN4-8184-0612-0

士師記
J. C. マッカーン　山吉智久訳
ISBN978-4-8184-0979-8

ルツ記
K. D. サーケンフェルド　矢野和江訳
ISBN4-8184-0443-8

サムエル記 上
W. ブルッゲマン　中村信博訳
ISBN978-4-8184-0923-1

サムエル記 下
W. ブルッゲマン　矢田洋子訳
ISBN978-4-8184-0901-9

列王記 上・下
R. D. ネルソン　田淵　結訳
ISBN978-4-8184-0309-3

歴代誌 上・下
S. S. トゥール　津田一夫訳
ISBN978-4-8184-0667-4

エズラ記 ネヘミヤ記
M.A. スロントヴァイト　水野隆一訳
ISBN978-4-8184-0288-1

エステル記
C. M. ベクテル　宮田　玲訳
ISBN978-4-8184-0639-1

ヨブ記　J. G. ジャンセン　飯　謙訳
ISBN4-8184-0020-3

詩編　J. L. メイズ　左近　豊訳
ISBN978-4-8184-0397-0

箴言　L. G. パーデュー　高柳富夫訳
ISBN978-4-8184-0706-0

コヘレトの言葉
W. P. ブラウン　小友　聡訳
ISBN978-4-8184-0510-3

雅歌
R. W. ジェンソン　水野隆一訳
ISBN978-4-8184-0667-4

イザヤ書 1–39章
C. R. サイツ　広田勝一訳
ISBN978-4-8184-0255-3

イザヤ書 40–66章
P. D. ハンソン　北　博訳
ISBN978-4-8184-0320-8

エレミヤ書
R. E. クレメンツ　佐々木哲夫訳
ISBN4-8184-0089-0

哀歌
F. W. ダブス-オルソップ　左近　豊訳
ISBN978-4-8184-0844-9

エゼキエル書
J. ブレンキンソップ　金井美彦訳
ISBN4-8184-0146-3

ダニエル書
W. S. タウナー　高柳富夫訳
ISBN4-8184-2139-1

ホセア書–ミカ書
J. リンバーグ　有沢僚悦訳
ISBN978-4-8184-0117-4

ナホム書–マラキ書
E. アクティマイアー　伊藤嘉朗訳
ISBN978-4-8184-0070-2

新約聖書

マタイによる福音書
D. R. A. ヘア　塚本　惠訳
ISBN4-8184-0253-2

マルコによる福音書
L. ウィリアムソン　山口雅弘訳
ISBN4-8184-2086-7

ルカによる福音書
F. B. クラドック　宮本あかり訳
ISBN978-4-8184-0302-4

ヨハネによる福音書
G. スローヤン　鈴木脩平訳
ISBN978-4-8184-0103-7

使徒言行録
W. H. ウィリモン　中村博武訳
ISBN978-4-8184-0060-3

ローマの信徒への手紙
P. アクティマイアー　村上実基訳
ISBN978-4-8184-0606-3

コリントの信徒への手紙1
R. B. ヘイズ　焼山満里子訳
ISBN978-4-8184-0424-3

コリントの信徒への手紙2
E. ベスト　山田耕太訳
ISBN978-4-8184-0030-6

ガラテヤの信徒への手紙
C. B. カウザー　扇田幹夫訳
ISBN978-4-8184-2089-2

エフェソの信徒への手紙 コロサイの信徒への手紙 フィレモンへの手紙
R. P. マーティン　太田修司訳
ISBN978-4-8184-0224-9

フィリピの信徒への手紙
F. B. クラドック　古川修平訳
ISBN978-4-8184-2134-9

テサロニケの信徒への手紙1、2
B. R. ガヴェンタ　野田美由紀訳
ISBN4-8184-0380-6

テモテへの手紙1、2 テトスへの手紙
T. C. オーデン　岩橋常久訳
ISBN978-4-8184-0272-8

ヘブライ人への手紙
T. G. ロング　笠原義久訳
ISBN4-8184-0444-6

ペトロの手紙1、2 ヤコブの手紙 ユダの手紙
P. パーキンス　山口雅弘訳
ISBN4-8184-0331-8

ヨハネの手紙1、2、3
D. M. スミス　新免　貢訳
ISBN978-4-8184-0198-3

ヨハネの黙示録
M. E. ボーリング　入　順子訳
ISBN978-4-8184-0168-6